1.ª edición Junio 2019

© 2019 by Toni Rodríguez
© 2019 de las fotografías *by* Becky Lawton
All Rights Reserved
© 2019 by Ediciones Urano, S.A.U.
Plaza de los Reyes Magos, 8, piso 1.º C y D – 28007 Madrid
www.edicionesurano.com

Retoque digital: Bjorn Badetti
Diseño: twice

ISBN: 978-84-16720-03-3
E-ISBN: 978-84-16990-98-6
Depósito legal: B-11.299-2019

Impreso por: MACROLIBROS, S.L.
Polígono Industrial de Argales – Vázquez de Menchaca, 9 – 47008 Valladolid

Impreso en España – *Printed in Spain*

VEGAN

COCINAR VEGANO ~para~ LA FAMILIA ES FÁCIL

AND FAMILY

Toni Rodríguez

Fotos de **Becky Lawton**

Año 2003, el cambio

Han pasado más de catorce años desde que decidí quitar los ingredientes de origen animal y tener una dieta a base de verduras, legumbres y cereales. Al principio fue un poco difícil hacer el cambio y descubrir productos tan «raros» como el arroz integral, la soja (leche de soja, miso, tofu, etc.), el brócoli, el aguacate y todo un sinfín de otros ingredientes. Y es que, hasta aquel momento, para mí, lo de comer verduras era hacerme un plato de patatas con judías verdes y ya. Quizá de vez en cuando también algo de lechuga romana, pero poco más. Sin embargo, el mundo está lleno de productos como la coliflor, el romanescu, el seitán, el hinojo, los rábanos, los puerros, el colinabo, la yuca, las hierbas aromáticas, el aceite de oliva virgen extra (vivimos en el país idóneo) y una lista interminable de otros alimentos maravillosos.

Al darme cuenta del fascinante mundo gastronómico que se me venía encima, tuve mucho interés en probarlo todo, así que empecé a cocinar muchísimo. El problema fue que no sabía cómo hacerlo y mis seres queridos tuvieron que aguantar platos muy mal realizados (incomestibles, la gran mayoría, tengo que admitirlo). Hacía cosas terribles por desconocimiento, pues no había apenas libros de cocina vegana y menos aún en castellano. Entonces descubrí que, en este país, no solo comemos poca verdura, sino que apenas sabemos cocinarla.

Con el paso del tiempo empecé a ver que no hacía falta mezclar demasiados ingredientes para hacer un superplato, sino que la clave está en saber preparar bien una coliflor, por ejemplo, ya sea al horno, a la plancha, en crema, al vapor, hervida, triturada como si fuera un cuscús, frita o cruda (aliñada con un poco de sal o una salsita de sésamo, resulta increíble). Y también descubrí que es igualmente imprescindible comprar productos de calidad. Por caras que puedan parecer unas buenas lentejas secas, pensemos en cuántas personas podemos alimentar con un kilo de ellas y veremos que siempre serán muchas más que con un kilo de carne (¡además, nuestro cuerpo nos lo agradecerá!).

Así, poco a poco, con una buena materia prima y sabiendo cómo cocinarla, entré en el «club de las personas felices que disfrutan comiendo verduras».

Vegan and family

Cocinar vegano para la familia es fácil

Tras descubrir cómo preparar correctamente la comida vegana, pasé mucho tiempo en la cocina explorando ingredientes y platos nuevos para mí. Sin embargo, me faltaba aún contentar a la familia y a los amigos. Y no se trataba solo de enseñarles a dejar a un lado las cocciones largas para las verduras y cocinarlas lo justo para hacer platos estupendos, sino también de mostrarles que se estaban perdiendo una gran variedad de productos.

Como ya he dicho, en España, a pesar de ser uno de los mayores huertos de Europa, apenas consumimos verduras y de muy pocas variedades. ¡Sobre todo hace catorce años! Por aquel entonces, la mayoría de nosotros conocía un solo tipo de brócoli, de alcachofa, de guisante, de remolacha o de coliflor (por suerte, en este sentido nos hemos vuelto un poco más exigentes y, si indagamos un poco, podemos conseguir zanahorias de varios colores, distintos tipos de alcachofas, boniatos blancos, rúcula selvática, bimi, tupinambo, etc.), así que la tarea de introducir la cocina vegana a familia y amigos se presentaba un poco complicada.

Sin embargo, mi hermana se había hecho vegetariana un año antes, mi hermano es una persona a quien le encanta probarlo todo (tiene buena boca) y mi madre siempre me echaba la bronca diciéndome que, si seguía comiendo tanta carne, moriría joven (¡¿quién me iba a decir que algún día comería tanta verdura?!), así que la verdad es que con ellos lo tuve fácil.

Con mi padre... bueno, ¡pasaron casi ocho años hasta que llegó a probar un estofado de seitán que hicimos mi madre y yo! «Tienes varios libros, haces cursos y la gente paga por la comida que haces, así que tendré que probarla a ver si es verdad que está rica...», dijo aquel día. Aunque, al ver que sí, que estaba bueno, empezó a probar más platos y a día de hoy casi siempre come las cosas nuevas que preparamos. ¡Con lo que ama las ensaladas con tomate y aceite de oliva virgen extra y lo que le costó probar un plato de verduras fuera de lo común! ¡¡Es el cliente más duro que he tenido en mi vida!!

Con el resto de la familia y los amigos también tuve bastante suerte. Son muy golosos, así que probaron antes los pasteles que la comida salada.

Entrar primero por lo dulce es más fácil para un goloso y, si le gusta, se atreverá a probar lo salado aunque no haya comido ni una verdura ni algo picante en su vida.

Fui ganándome cierta fama en los fogones y cada vez era más común que me «invitaran» a cocinar para todos en las fiestas de amigos y familiares, sin que ninguno de ellos fuera vegano (¡yo encantado!), y a día de hoy casi todos me mandan fotos cuando van a comer a algún restaurante vegetariano, porque ahora ven las verduras con buenos ojos. ¡Reto conseguido!

Libro

Mi siguiente reto es que tú y los tuyos también entréis a formar parte del «club de las personas felices que disfrutan comiendo verduras».

Con este libro, te enseñaré a cocinar sano, rico y variado para celebraciones, picnics, fiestas o reuniones importantes. También puedes usarlo para tus comidas diarias, pero en ese caso te aconsejo que no tomes los postres propuestos de forma habitual, porque es más saludable comer fruta cada día (no beberla). Los dulces del libro son caprichos para disfrutar en días puntuales.

Espero poder ayudarte a comer variado de forma sana, fácil y divertida. Y que, cuando llegue el día de cocinar para la familia o amigos, te atrevas a preparar un banquete del cual todos puedan disfrutar. También los niños, pues, si desde bien pequeños les enseñamos a comer verduras y las cocinamos para que queden bien sabrosas, se las comerán con gusto. No son tontos, son mucho más inteligentes que nosotros, y no suelen comer verduras porque los adultos no las comemos. ¡Si probáramos las atrocidades que preparamos a los niños, nosotros tampoco las comeríamos! Ellos son sabios.

Cocinar más verduras y menos carne es bueno para nuestra salud y para nuestra economía (¡se gasta mucho menos dinero!), y avanzamos hacia un mundo con menos sufrimiento animal y más respetuoso con el medio ambiente. ¡El futuro está en nuestras manos!

Agradecimientos

A mi familia, que me apoya siempre:
Antonia, Luis, Diana y Luisito.

A Sara, mi compañera de vida, por ser la mejor cocinera,
darme todo el apoyo del mundo y ser la clienta más exigente.

A mis animales, que también son mi familia:
Cobi, Lupita, Brocco, Veggie, Django y Ninja.

A mis mejores amigos, por estar siempre ahí
y entender que un autónomo no tiene vida social.

A la mejor fotógrafa del mundo, Becky Lawton,
y a la editorial Urano, por creer en mí.

Una receta básica: SEITÁN

SEITÁN CASERO

Caldo de seitán
Aceite de girasol
1 cebolla
1 cabeza de ajo
1 zanahoria
2 ramas de romero
1 rama de tomillo
30 g de azúcar moreno
200 ml de salsa de soja

Corta la cebolla en trozos grandes y la cabeza de ajo por la mitad.
Dóralo todo en una olla con un poco de aceite de girasol hasta que coja color.
Pela la zanahoria, pícala y añádela a la olla con la cebolla y el ajo.
Cocina hasta que se dore todo (removiendo constantemente).
Añade el azúcar moreno, el romero, el tomillo y la salsa de soja y deja que hierva durante 5 minutos.

Masa de seitán
200 g de gluten
10 g de harina de trigo
374 g de agua fría
Caldo de seitán

Pon una olla grande con ¾ del agua y llévala a ebullición.
Mezcla en un bol el gluten y la harina de trigo.
Añade el agua fría y amasa lo justo hasta que no queden grumos, pero sin estirar la masa.
Déjala reposar 15 minutos a temperatura ambiente y corta trozos pequeños, bolea con la ayuda de los dedos antes de añadirla en el agua hirviendo.
Cuece el seitán en agua hirviendo durante 1 hora.
Añade el caldo de seitán y cuece durante 45 minutos más.
Reserva el seitán hasta el día siguiente para que repose bien el gluten.

El TRUCO está en NO amasar, solo MEZCLAR HARINA y GLUTEN y después AÑADIR el AGUA. No amasar, NO amasar, NO amasar...

¡LA CLAVE ES NO AMASAR!

Así el SEITÁN será JUGOSO y NO como un CHICLE.

Menús veganos

17

Vegan and family

Si quieres hacer una ensalada baja en calorías, puedes cambiar la mayonesa por un yogur de soja o de cualquier otra bebida vegetal.

Ensalada de verduras de primavera con coleslaw

Mayonesa vegetal
120 g de leche de soja
240 g de aceite de girasol
10 g de vinagre de manzana
Sal

Mezcla la leche de soja con el aceite de girasol con la ayuda de una túrmix.
Añade el vinagre y sal al gusto.
Tritura hasta obtener una mayonesa bien emulsionada.

Coleslaw
½ col china
5 zanahorias
60 g de nueces
Mayonesa vegetal
Sal
Pimienta

Tuesta las nueces en el horno a 150 °C durante 8 minutos.
Pica la col china y las zanahorias previamente peladas.
Mezcla las verduras y las nueces con la mayonesa.
Pon el *coleslaw* a punto de sal y pimienta.

Verduras de primavera
100 g de judías redondas
1 manojo de rabanitos
1 paquete de berros
80 g de tomates cherri
Aceite de oliva virgen extra
10 g de zumo de limón
Sal

Limpia las judías. Ponlas en agua hirviendo durante 30 segundos. Inmediatamente después, sumérgelas en agua fría.
Corta los rabanitos por la mitad. Ponlos en agua hirviendo durante 50 segundos. A continuación, sumérgelos en agua fría.
Corta los tomates cherri por la mitad.
Mezcla en un bol los berros, los rabanitos, las judías, los tomates cherri, el zumo de limón, un chorro de aceite de oliva y un poco de sal.

Acabado: *Coleslaw* y verduras de primavera.

Coloca en el plato un poco de *coleslaw* y, a un lado, un poco de verduras de primavera.

ENVUELTO DE CALABACÍN, RELLENO DE TOFU AHUMADO Y TOMATES

Calabacín
2 calabacines
Aceite de oliva virgen extra
Sal

Corta los calabacines en láminas finas con la ayuda de una mandolina.
Píntalas con un poco de aceite y un poco de sal de una en una.
Déjalas reposar en un táper a temperatura ambiente durante 1 hora.

Relleno
120 g de tofu ahumado
250 g de tofu blando
Sal
Nuez moscada
1 diente de ajo
1 tomate corazón de buey
1 tomate amarillo

Pica el diente de ajo.
Desmenuza los tofus con las manos, añade el ajo picado, sal y nuez moscada al gusto, y mezcla.
Corta los tomates en rodajas finas.

Acabado: Calabacín a la plancha, relleno y aceite de oliva virgen extra.

Pon las tiras de calabacín en fila en la base de un molde. Es importante que las láminas sobresalgan de este para poder envolver y cerrar el relleno después.
Encima del calabacín, pon un poco de relleno, unas rodajas de tomate y un poco más de relleno.
Presiona bien y cierra con las láminas de calabacín.
Hornea a 190 °C durante 20 minutos.
Desmolda y corta en trozos.
Sirve con unas rodajas de tomate y unos berros.

Buñuelos glaseados con frutos del bosque

Buñuelos
260 g de harina de trigo
15 g de azúcar
5 g de sal
1 naranja
¼ cucharadita de canela
12 g de levadura fresca
20 g de aceite suave
130 g de agua

Ralla la piel de la naranja.
Mezcla en un bol todos los ingredientes y deja que fermenten a temperatura ambiente durante 1 hora.
Pon una freidora con el aceite a 180 °C.
Mete la masa resultante en una manga pastelera.
Vierte la masa a intervalos cortando con la ayuda de un cuchillo pequeño.
Fríe hasta que los buñuelos estén un poco dorados.

Glaseado
300 g de azúcar lustre
60 g de zumo de naranja

Mezcla el azúcar con el zumo de naranja con la ayuda de unas varillas.
Coloca los buñuelos aún calientes en una rejilla y vierte el glaseado por encima.
Deja que cristalice el glaseado.

Acabado: Buñuelos glaseados, frutos del bosque y nata vegetal montada.

Sirve los buñuelos con unos frutos del bosque y un poco de nata vegana montada.

Cambia el glaseado por un poco de sirope de agave azul o sirope de arce. ¡No vale tenedor! Los dedos tienen que quedar bien pegajosos.

CREMA de COLIFLOR y ALCAPARRAS

Coliflor asada
1 coliflor
Aceite de oliva virgen extra
Sal
Pimienta

Corta la coliflor en trozos irregulares.
Colócala sobre una bandeja con un papel de hornear.
Alíñala con aceite de oliva, sal y pimienta al gusto.
Hornea a 180 °C durante 30 minutos.

Crema de coliflor
2 dientes de ajo
2 puerros
1 coliflor
250 ml de vino blanco
1 patata
Aceite de oliva virgen extra
Sal

Pica los dientes de ajo y los puerros, ponlos en una olla con un chorro de aceite y cocina a fuego medio removiendo constantemente durante 10 minutos, hasta que cojan un poco de color.
Pica la coliflor y ponla en la misma olla.
Añade el vino blanco y cocina hasta que este se haya evaporado.
Pela la patata y córtala en trozos pequeños, ponla en la olla y cúbrela con agua (que sobresalga 2 dedos de agua por encima de las verduras).
Una vez haya hervido, cocina a fuego bajo durante 40 minutos.
Tritura la mezcla hasta obtener una crema lisa sin grumos.

Acabado: Coliflor asada, crema de coliflor, alcaparras, aceite de oliva virgen extra y pimienta.

Pica unas alcaparras.
Sirve la crema con unos trozos de coliflor asada por encima y unas alcaparras picadas (3 por persona).
Acaba la crema con un chorro de aceite y pimienta al gusto.

 PUEDES COCER LA COLIFLOR AL VAPOR HASTA QUE ESTÉ AL DENTE. EL SABOR CAMBIARÁ COMPLETAMENTE, ¡ES MARAVILLOSO!

JACKET POTATOES con COLES de BRUSELAS, MAYONESA de CÚRCUMA y HUMMUS de ALUBIA

Mayonesa de cúrcuma
120 g de leche de soja
240 g de aceite de girasol
½ cucharadita de cúrcuma
1 cucharadita de mostaza
10 g de vinagre de manzana
Sal

Mezcla la leche de soja con el aceite de girasol con la ayuda de una túrmix.
Añade el vinagre y sal al gusto.
Tritura hasta obtener una mayonesa bien emulsionada.

Hummus de alubia blanca
600 g de alubias blancas cocidas
105 g de aceite de sésamo o tahini
30 g de zumo de limón
4 dientes de ajo
100 g de agua
Sal

Envuelve los dientes de ajo sin pelar en papel de aluminio y hornéalos 30 minutos a 180 °C.
Una vez horneados y fríos, pélalos.
Tritura todos los ingredientes juntos hasta obtener una crema lisa y homogénea.
Reserva el paté en un táper en la nevera.

Jacket potatoes
6 patatas para hornear
100 g de coles de Bruselas
1 pimiento rojo
1 pimiento amarillo
1 cebolla
Sal
Pimienta
Ras el hanout

Corta las coles por la mitad y saltéalas con un poco de aceite y sal hasta que estén doradas.

Pon en una bandeja de horno los pimientos y la cebolla y hornea a 180 °C durante 45 minutos.

Una vez estén fríos, pélalos y córtalos en tiras.

Mezcla en un bol las coles de Bruselas, los pimientos y la cebolla.

Salpimienta al gusto y añade un poco de *ras el hanout*.

Envuelve las patatas una por una con papel de aluminio.

Colócalas en una bandeja y hornea a 180 °C durante 90 minutos.

Quita el papel de la patata y haz un corte en la parte superior. Ábrela con cuidado de que no se parta, pon un poco de sal y rellena con la mezcla de verduras.

Acabado: Hummus de alubia blanca, mayonesa de cúrcuma, *jacket potatoes*, cilantro y aceite de oliva virgen extra.

Sirve un poco de mayonesa de cúrcuma y unas hojas de cilantro encima de las *jacket potatoes*.

Coloca el hummus en un bol.

Añade un chorro de aceite de oliva encima de las *jacket potatoes*.

Mi **PATATA** FAVORITA para ASAR es la KENNEBEC.

Pero, si tienes dudas, pregunta a tu FRUTERO cuál es la MEJOR que tiene en ese momento.

MUFFIN de LIMÓN con MERENGUE

Muffin de limón

230 g de harina de trigo
150 g de azúcar
50 g de harina de almendra
1 limón
12 g de impulsor
5 g de sal
220 g de agua
50 g de aceite de oliva
60 g de aceite de girasol

Mezcla en un bol la harina de trigo, el azúcar, la harina de almendra, el impulsor y la sal.

Ralla la piel del limón y ponla en el bol.

Añade el agua y los aceites y mezcla con fuerza durante 5 minutos hasta que el azúcar deje de estar cristalizado.

Una vez hayan pasado los 5 minutos de batido, añade el zumo del limón que has rallado anteriormente, mezcla con la ayuda de una lengua y vierte la masa sobre cápsulas de *muffin*. Rellena ¾ partes de cada cápsula.

Hornea a 180 °C durante 20 minutos o hasta que, al pinchar con un palillo, este salga limpio. Resérvalas en la nevera.

Merengue

100 g de aquafaba (agua de la cocción de los garbanzos)
100 g de azúcar

Monta el aquafaba con unas varillas hasta que esté a punto de nieve.

Añade el azúcar poco a poco y sigue montando hasta obtener un merengue brillante.

Acabado: *Muffin* de limón y merengue.

Decora cada *muffin* con un poco de merengue y flambea con la ayuda de un soplete.

HE HECHO ESTA RECETA EN HONOR AL LEMON PIE CON MERENGUE, PERO PUEDES HACERLA CON CUALQUIER CÍTRICO Y VERÁS QUE QUEDA IGUAL DE MOLONA.

CARPACCIO de CALABAZA ASADA con OLIVAS de ARAGÓN y BERROS

Calabaza asada
1 calabaza violín
Aceite de oliva virgen extra
Sal

Corta el tronco de la calabaza. La parte inferior guárdala para hacer otras elaboraciones.

Pela el tronco y córtalo en rodajas finas.

Colócalas sobre una bandeja de horno con papel de hornear, píntalas con un poco de aceite y pon sal al gusto.

Hornea a 180 °C hasta que estén los bordes un poco dorados.

Reserva a temperatura ambiente.

Vinagreta de limón
30 g de zumo de limón
100 g de aceite de oliva virgen extra
30 g de vinagre de manzana
20 g de salsa tamari

Mezcla todos los ingredientes.

Acabado: Calabaza asada, vinagreta de limón, berros, olivas de Aragón y nuez de macadamia.

Coloca en una fuente las rodajas de calabaza formando un círculo.

Mezcla en un bol los berros con un poco de vinagreta de limón y sírvelos en medio de la calabaza.

Deshuesa algunas olivas de Aragón y sírvelas alrededor del carpaccio.

Ralla la nuez de macadamia por encima del plato.

ESTE PLATO HA SORPRENDIDO A TODOS MIS AMIGOS QUE NO HABÍAN PROBADO LA CALABAZA Y HASTA A LOS QUE, DIRECTAMENTE, DECÍAN QUE NO LES GUSTABA, ASÍ QUE AQUÍ TIENES UN PLATO IDÓNEO PARA LOS HATERS DE LA CALABAZA.

TIP

Si quieres hacer este plato sin gluten, haz espaguetis de calabacín sin cocer y añádelos directamente al horno con el resto de ingredientes.

BUCATINI con TOMATE, BECHAMEL y BRÓCOLI

Bucatini
500 g de *bucatini*

Cuece los *bucatini* en agua hirviendo con un poco de sal y para la cocción 2 minutos antes de lo recomendado en el paquete.

Salsa de tomate y albahaca
2 dientes de ajo
500 g de tomates
1 hoja de laurel
120 g de vino tinto
10 hojas de albahaca
Aceite de oliva virgen extra
Sal
Peperoncino

Tritura el tomate y cuélalo para extraer las pieles.
Pon en una olla los dientes de ajo picados, el vino tinto, el tomate triturado, el laurel y un poco de peperoncino.
Cocina a fuego bajo hasta que haya reducido ⅔.
Pon sal al gusto y las hojas de albahaca.

Bechamel de anacardos
150 g de anacardos
200 g de agua
15 g de levadura nutricional
Sal
¼ cucharadita de nuez moscada

Tritura todo junto.

Brócoli escaldado
1 brócoli

Corta los árboles del brócoli y cocínalos en agua hirviendo con un poco de sal durante 30 segundos.
Ponlos inmediatamente en agua fría con hielo para parar la cocción.

Acabado: *Bucatini* cocidos, salsa de tomate y albahaca, bechamel y brócoli escaldado.

Mezcla todos los ingredientes en una fuente y hornea a 180 °C durante 15 minutos.
Saca la fuente del horno y sirve con un chorrito de aceite de oliva y pimienta recién molida.

BIZCOCHO de PERA con CRUMBLE de AVENA

Crumble de avena

150 g de avena
100 g de harina de trigo
90 g de azúcar moreno
100 g de margarina
1 g de sal

Mezcla todos los ingredientes juntos.

Bizcocho de pera

190 g de harina de trigo
5 g de impulsor
3 g de bicarbonato
130 g de azúcar moreno
25 g de maicena
3 g de sal
170 g de agua
95 g de aceite de girasol
1 naranja
240 g de pera cortada en gajos

Mezcla en un bol la harina de trigo, el impulsor, el bicarbonato, la maicena, el azúcar y la sal.

Añade el agua, el aceite de girasol y la piel de la naranja rallada.

Mezcla bien durante 5 minutos con la ayuda de unas varillas.

Vierte la masa resultante sobre una bandeja con papel de hornear.

Coloca los gajos de pera por encima.

Por último, añade el *crumble*.

Hornea a 180 °C durante 20 minutos o hasta que, al pinchar con un palillo en el centro del bizcocho, este salga limpio.

Sírvelo a temperatura ambiente.

 Si haces este bizcocho fuera de temporada, puedes cambiar la pera por manzana.

FARINATA con ROBELLONES, PIQUILLOS, HINOJO y ENSALADA de COL CHINA y PEPINO

Farinata
200 g de harina de garbanzo
600 g de agua o caldo vegetal
50 g de aceite de oliva virgen extra
½ cucharadita de sal

Mezcla en un bol todos los ingredientes con la ayuda de unas varillas.
Vierte la mezcla sobre una bandeja redonda con un poco de aceite en la base.
Hornea a 210 °C durante 40 minutos aproximadamente, o hasta que ya esté bien compacta y haya cogido un color dorado.
Desmóldala con la ayuda de dos platos.

Pimientos del piquillo confitados
2 botes de pimientos del piquillo
1 cabeza de ajo
400 g de agua
2 ramas de romero
8 granos de pimienta negra
Sal
2 hojas de laurel
Aceite de oliva 0,4°

Cuela los pimientos y reserva el agua del bote para usarla después.
Corta los pimientos por la mitad y extrae las semillas.
Pela los ajos y córtalos en rodajas finas.
Confita los pimientos y los ajos en una sartén con aceite de oliva 0,4°, dándoles la vuelta de vez en cuando con la ayuda de una pinza. Sabrás que están confitados cuando estén bien dorados. Haz tandas pequeñas, sin llenar la sartén de pimientos para que estos se confiten bien y no se rompan.
Pon en una olla el agua, el romero, la pimienta, el laurel, el agua de los pimientos y un poco de sal.
Cocina hasta que haya hervido y déjalo reposar durante 20 minutos con la olla tapada y el fuego apagado.
Guarda los pimientos confitados en un táper con el agua infusionada en la nevera.

Hinojo marinado

2 bulbos de hinojo
60 g de aceite de oliva 0,4°
2 limones
Sal
2 ramas de perejil

Extrae la parte exterior de los bulbos de hinojo y pásalos por la mandolina, cortándolos muy finos.

Pica el perejil.

Mezcla en un bol el hinojo laminado, el aceite de oliva, el zumo de los limones, un poco de sal y el perejil picado.

Reserva la mezcla en un táper.

Ensalada de col china y pepino

¼ col china
1 pepino holandés
30 g de vinagre de manzana
60 g de aceite de girasol
25 g de aceite de sésamo o tahini
15 g de sirope de agave
3 g de sal

Pica la col china.

Corta el pepino en láminas con la ayuda de una mandolina o un pelador.

Pon en un bol el vinagre, los aceites, el sirope de agave y la sal, y mezcla hasta que quede todo bien homogéneo.

Añade la col y el pepino a la vinagreta y mezcla de nuevo.

Robellones salteados

200 g de robellones
1 diente de ajo
Aceite de oliva virgen extra
Sal

Pica el diente de ajo.

Asegúrate de que los robellones estén bien limpios.

Córtalos por la mitad si son grandes y saltéalos con un poco de aceite de oliva virgen extra, el ajo picado y sal al gusto.

Acabado: *Farinata*, hinojo marinado, pimientos del piquillo confitados, ensalada de col china y pepino y robellones salteados.

Sirve la *farinata* en un plato grande en el centro de la mesa.

Sirve un poco de guarnición en cuencos pequeños.

Cuando VIAJO, me doy cuenta de lo **DIFÍCIL** que es conseguir **PIMIENTOS**~del PIQUILLO (me encantan), pero siempre puedo **ASAR** por mi cuenta unos **BUENOS** **PIMIENTOS ROJOS** para hacer **ESTA RECETA**.

BABAGANOUSH con GRANADA, HIERBABUENA y SALSA de YOGUR de SOJA

Babaganoush
1,5 kg de berenjenas
1 diente de ajo
1 limón
60 g de aceite de girasol
100 g de tahini
Sal

Ahúma las berenjenas encima del fuego hasta que esté toda la piel bien quemada. Si no están cocidas del todo en el interior, hornéalas a 180 °C hasta que estén totalmente tiernas. Una vez frías, pélalas y déjalas encima de un colador para que se separe todo el suero.

Pon en el vaso triturador el ajo, el zumo de limón, el aceite, el tahini, sal y ⅓ de berenjena ahumada, y tritura hasta obtener una crema homogénea.

Mezcla la crema obtenida con el resto de la berenjena con la ayuda de los dedos.

Salsa de yogur de soja
125 g de tahini
150 g de yogur de soja
10 g de zumo de limón
½ diente de ajo
Sal

Tritura todos los ingredientes juntos y pon sal al gusto.

Acabado: *Babaganoush*, granada desgranada, lechuga *lollo rosso*, salsa de yogur de soja, pan de frutos secos, hojas de hierbabuena y tomates cherri.

Corta los tomates cherri por la mitad.
Pon en un plato un montón de *babaganoush*.
Añade por encima una cucharada de granada desgranada, unas hojas de lechuga, unas cucharadas de salsa de yogur de soja, unas hojas de hierbabuena y sirve con pan de frutos secos.

Es importante poder quemar la berenjena en el fuego para obtener el sabor ahumado. Sin embargo, si sólo tienes inducción o vitrocerámica, puedes ponerle después un poco de sal o aceite ahumado.

BIZCOCHO de CÍTRICOS, CREMA de AVELLANA y PISTACHO con FLORES SECAS

Bizcocho de limón

297 g de harina de trigo
230 g de azúcar
70 g de harina de almendra
1 limón
1 naranja
1 pomelo
1 lima
17 g de impulsor
7 g de sal
300 g de agua
75 g de aceite de oliva
75 g de aceite de girasol
1 bote de crema de avellana (Nutella vegana)

Mezcla en un bol la harina de trigo, el azúcar, la harina de almendra, el impulsor y la sal.

Añade la piel rallada de ½ limón, ½ naranja, ¼ de pomelo y ½ lima, el agua y los aceites, y bate con la ayuda de unas varillas durante 5 minutos hasta que el azúcar esté bien disuelto y tengas una masa lisa y homogénea.

Coge 3 cucharadas de crema de avellana, fúndela y mézclala con 2 cucharadas de la masa.

En un molde redondo de 20 cm de diámetro, forrado en la base con papel de hornear, pon la masa del bizcocho de limón y, por encima, la masa mezclada con la crema de avellana.

Hornea a 180 °C durante 35 minutos o hasta que, al pinchar con un palillo, este salga limpio.

Déjalo enfriar en la nevera durante 5 horas. Desmóldalo.

Glaseado de limón

150 g de azúcar lustre
30 g de zumo de pomelo
80 g de pistacho verde repelado
Flores secas

Mezcla en un bol el azúcar lustre con el zumo de pomelo.
Glasea el bizcocho con la ayuda de un pincel para cocina.
Pon por encima los pistachos y hornea a 150 °C durante 1 minuto para que
el glaseado se seque.
Decora con flores secas.

Haz tu propia CREMA de avellana triturando los siguientes ingredientes:
350 g de AVELLANA,
10 g de CACAO y
120 g de AZÚCAR de coco.

vegan and family

LATKES CON COGOLLO BRASEADO Y KÉTCHUP CASERO

Latkes

3 patatas medianas
2 cebollas dulces
80 g de harina de trigo
1 cucharadita de impulsor
1 cucharadita de sal
Pimienta recién molida

Ralla las patatas con la ayuda de una mandolina o córtalas en bastones finos.
Corta las cebollas en juliana.
Mezcla en un bol las patatas, la cebolla, la harina de trigo, el impulsor, la sal y un poco de pimienta. Deja reposar la mezcla durante 3 minutos para que la patata quede un poco tierna.
Pon en una sartén un poco de aceite de oliva y añade un poco de la mezcla. Aplástala con la ayuda de una espátula.
Cocina a fuego medio vuelta y vuelta.

Cogollos braseados

3 cogollos

Corta los cogollos por la mitad.
Pon una sartén estriada a fuego alto y cocina los cogollos vuelta y vuelta.

Kétchup casero

400 g de tomate triturado
125 ml de vinagre de vino blanco
90 ml de agua
80 g de sirope de agave
1 cucharadita de pimentón dulce
2 dientes de ajo
1 hoja de laurel
1 puerro
¼ rama de apio
½ cucharadita de sal

Pela y pica los dientes de ajo y el puerro.
Pon todos los ingredientes juntos en una olla y lleva a ebullición.
Una vez haya hervido, tapa la olla y cocina a fuego bajo durante 30 minutos (removiendo cada 3 o 4 minutos).

Una vez hayan pasado los 30 minutos, quita la hoja de laurel y tritura la salsa hasta que esté lisa y sin grumos.

Acabado: *Latkes*, cogollos braseados y kétchup casero.

Sirve en un plato dos *latkes*, medio cogollo braseado y un poco de kétchup en un cuenco pequeño.

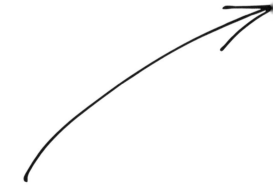

 Para hacer los latkes al horno, prepáralos sin harina de trigo y cuécelos a 180 °C durante 20 minutos.

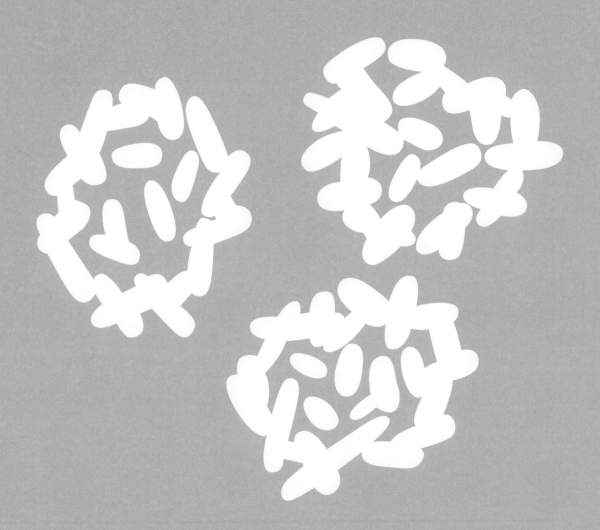

TIP

ESTE PLATO SOLO ES APTO EN
TEMPORADA DE SETAS, PERO PUEDES
CAMBIAR EL ROBELLÓN POR SHIITAKE
PARA HACERLO EN CUALQUIER
ÉPOCA DEL AÑO.

TAGLIATELLE CON ROBELLONES, ESPÁRRAGOS, LIMÓN Y ALMENDRA TOSTADA RALLADA

Tagliatelle
500 g de *tagliatelle*

Cuece los *tagliatelle* en agua hirviendo con un poco de sal y cocina el tiempo indicado en las instrucciones.

Salsa de robellones, limón, coles de Bruselas y espárragos
300 g de robellones
100 g de coles de Bruselas
1 manojo de espárragos
1 cebolla
2 dientes de ajo
20 g de alcaparras
3 limones
Aceite de oliva virgen extra
Sal

Pica los dientes de ajo y la cebolla muy bien picados.
Cocínalos en una sartén con un poco de aceite de oliva hasta que cojan un poco de color.
Corta las coles de Bruselas por la mitad y añádelas a la sartén.
Cocina a fuego alto para que las coles se doren un poco.
Limpia los robellones y añádelos a la sartén con las verduras.
Saltea un par de minutos a fuego alto.
Exprime los limones, añade el zumo a la sartén y cocina a fuego medio.
Corta los espárragos y ponlos junto a las alcaparras cuando se haya evaporado la mitad del zumo de limón.
Cocina hasta que el zumo se haya evaporado completamente.
Pon sal al gusto.

Acabado: *Tagliatelle*, salsa de robellones, limón, coles de Bruselas y espárragos y almendra tostada.

Saltea los *tagliatelle* con la salsa y sírvelos con un poco de almendra tostada rallada por encima.

Tarta de chocolate y frambuesa exprés

Galleta base
200 g de galleta
60 g de margarina
⅛ cucharadita de sal
20 g de coco rallado

Aplasta la galleta con la ayuda de un mortero.
Funde la margarina en un bol y mezcla todos los ingredientes.
Pon la galleta en el fondo de un molde forrado con papel sulfurizado.
Resérvalo en la nevera.

Crema de chocolate y frambuesa
500 g de leche de avena
100 g de frambuesas frescas
40 g de maicena
50 g de sirope de agave
400 g de chocolate 70%

Tritura la leche de avena con las frambuesas frescas y cuela el líquido resultante para extraer todas las semillas e impurezas.
Mezcla en un cazo la leche y la frambuesa con la maicena y el sirope de agave.
Cocina a fuego bajo, sin dejar de remover, hasta que la mezcla haya espesado.
Vierte el líquido espesado sobre el chocolate y emulsiona con la ayuda de una túrmix.
Una vez hayas emulsionado bien la mezcla y esté brillante, viértela sobre la galleta y déjala reposar 8 horas en la nevera.

Acabado: Tarta de chocolate y frambuesa, frambuesas frescas y arándanos frescos.

Sirve la tarta con frambuesas y arándanos frescos.

Esta tarta es apta para tener en nevera o a temperatura ambiente, así puedes comerla bien fresquita en casa o puedes llevarla a un pícnic tranquilamente.

TACOS de CHAMPIÑONES REBOZADOS y GUACAMOLE con MAYONESA de AJO NEGRO

Guacamole
2 aguacates Hass de la mejor calidad
1 lima
6 hojas de cilantro
Sal

Exprime la lima.

Extrae la carne de los aguacates y ponlos en un vaso para triturarlo junto al zumo de la lima, las hojas de cilantro y sal al gusto.

Reserva el guacamole en la nevera, y cubre con papel film para evitar la oxidación.

Champiñones rebozados
250 g de harina de trigo floja
4 g de levadura seca de panadero
5 g de azúcar
280 g de agua fría
4 g de sal
6 champiñones

Mezcla en un bol la harina con el agua, el azúcar, la sal y la levadura.

Deja reposar la mezcla en un lugar cálido durante 3 horas. Pasado este tiempo, remuévela bien y guárdala en la nevera.

Limpia los champiñones, rebózalos y fríelos en abundante aceite a 180-190 °C hasta que estén dorados.

Cebolla encurtida
70 g de vinagre de manzana
30 g de vinagre de Jerez
90 g de agua
2 g de sal
5 g de azúcar
2 hojas de laurel
8 bayas de pimienta rosa o cualquier otra pimienta
1 cebolla roja

Pon en un cazo los vinagres, el agua, el azúcar, la sal, el laurel y las pimientas, y llévalos a ebullición. Entonces, aparta del fuego y deja que se enfríe hasta que baje a 70 °C.

Mientras, corta la cebolla en juliana.
Cuando el líquido esté a 70 °C, viértelo encima de la cebolla y deja reposar la mezcla durante un par de días.

Mayonesa de ajo negro
100 g de leche de soja
200 g de aceite de girasol
10 g de vinagre de manzana
3 dientes de ajo negro
Sal

Tritura con una túrmix la leche con el vinagre, los dientes de ajo negro y la sal a velocidad media durante 30 segundos.
Añade poco a poco el aceite de girasol mientras trituras a velocidad media.
Guarda la mayonesa en un biberón de cocina en la nevera.

Acabado: 6 hojas de lechuga trocadero, guacamole, champiñones rebozados, cebolla encurtida, mayonesa de ajo negro y albahaca.

Coloca sobre las hojas de trocadero un poco de guacamole, un champiñón rebozado, mayonesa de ajo negro, rodajas de cebolla encurtida y pimienta al gusto. Acaba con unas hojas de albahaca.

EVITA FREÍR CHAMPIÑONES CAMBIÁNDOLOS POR CHAMPIÑONES PORTOBELLO Y COCINÁNDOLOS VUELTA Y VUELTA EN LA PLANCHA.

TORTILLAS de MAÍZ con BONIATO ASADO, MENTA, FRIJOLES y QUESO CRUDO

Boniato asado

2 boniatos
8 hojas de menta
4 hojas de cilantro
Sal

Pon los boniatos en una bandeja con papel sulfurizado en la base y hornéalos a 180 °C durante 1 hora.
Una vez se hayan enfriado un poco, pélalos y cháfalos con la ayuda de un tenedor.
Pica las hojas de menta y cilantro, añádelas al boniato y ponlo a punto de sal.

Frijoles refritos

250 g de frijoles negros cocidos
1 cebolla
Aceite de girasol
150 ml de caldo vegetal
Sal
1 chile chipotle

Pica la cebolla y saltéala con el aceite de girasol.
Añade los frijoles y el caldo vegetal, y cocina a fuego bajo durante 15 minutos con la sartén tapada.
Aplástalos un poco con la ayuda de un tenedor, añade el chipotle previamente picado y pon la mezcla a punto de sal.

Queso crudo vegano

300 g de anacardos crudos
140 g de agua
25 g de levadura nutricional
1 limón
Sal

Deja los anacardos en remojo durante 8 horas.
Cuélalos y tritura los anacardos con el agua, la levadura nutricional, el zumo del limón y sal al gusto hasta obtener una crema lisa y homogénea.

Pico de gallo
4 tomates
1 cebolla roja
1 lima
6 hojas de cilantro
Sal

Corta los tomates en cuartos y extrae las semillas.
Pica el tomate y la cebolla en brunoise.
Pica el cilantro y añádelo al bol con el zumo del lima y sal al gusto.

Acabado: 12 tortillas de maíz, boniato asado, frijoles refritos, queso crudo vegano, pico de gallo, hojas de cilantro y aceite de oliva virgen extra.

Calienta las tortillas de maíz en una sartén una a una.
Pon en un plato una tortilla de maíz pasada por la plancha con 2 cucharadas de boniato asado y ciérrala con otra tortilla de maíz. Así repetidas veces.
Sirve, en la parte superior, 2 cucharadas de frijoles refritos, 1 cucharada de queso crudo vegano y 2 cucharadas de pico de gallo.
Decora con unas hojas de cilantro y un poco de aceite de oliva virgen extra.

Intenta llevar un **ESTILO** de VIDA SALUDABLE: haz **DEPORTE**, COME SANO, **CAMINA**... ¡Así podrás **DISFRUTAR** de comer un POSTRE de vez en cuando **SIN CULPA** alguna!

CRUMBLE de FRUTOS ROJOS

Crumble
300 g de harina de trigo
140 g de azúcar moreno
60 g de aceite de coco
15 g de agua
2 g de sal

Mezcla todos los ingredientes en un bol y resérvalos en la nevera durante 2 horas.

Acabado: 2 manzanas, 300 g de fresas, 120 g de frambuesas y *crumble*.

Pela las manzanas, extrae el corazón y córtalas en cubos irregulares.
Corta las fresas y las frambuesas en trozos irregulares.
Mezcla la manzana con la fresa y la frambuesa y repártela en diferentes boles para hornear.
Coloca *crumble* por encima hasta que la fruta esté bien cubierta.
Hornea a 180 °C hasta que el *crumble* esté bien dorado (20 minutos aproximadamente).

EL CRUMBLE ES UNO DE MIS POSTRES FAVORITOS. YO LO COMO TANTO CALIENTE COMO FRÍO O TEMPLADO, ASÍ QUE ESTÁ EN TUS MANOS SERVIRLO COMO QUIERAS.

TIP

SI NO CONSIGUES LEMONGRASS,
CÁMBIALO POR LIMA, NO TE DEFRAUDARÁ.

CREMA de CHAMPIÑONES con DADOS de TOFU y CHILE

Crema de champiñones y *lemongrass*

1 puerro
200 g de champiñones
1 l de leche de coco
1 patata mediana
1 *lemongrass*
1 l de caldo vegetal
Aceite de girasol
Sal

Pela la patata y córtala en cubos pequeños.
Resérvala en un bol.
Pica el puerro y lávalo bien para quitar toda la tierra posible.
Ponlo en una olla con un poco de aceite de girasol y cocina a fuego medio con un poco de sal.
Limpia los champiñones y córtalos en láminas finas.
Añádelos a la olla y cocina 1 minuto.
Añade la leche de coco, el caldo vegetal, la patata y el *lemongrass* cortado en dos.
Cocina durante 20 minutos a fuego bajo.
Retira el *lemongrass* y tritura el resto de ingredientes hasta obtener una crema lisa y homogénea.
Ponla al punto de sal.

Aceite de chile

3 chiles rojos
200 g de aceite de girasol

Corta los chiles en rodajas finas y ponlos en un cazo con el aceite de girasol.
Cocina a fuego bajo durante 10 minutos, con cuidado de que no pase de los 120 °C.

Acabado: Crema de champiñones y *lemongrass*, aceite de chile, 1 bloque de tofu, 1 cebolleta, 1 champiñón y hojas de cilantro.

Pica la cebolleta.
Corta el champiñón en láminas finas.
Corta el bloque de tofu en cubos.
Sirve la crema en un bol, decora con unos dados de tofu, un poco de cebolleta, champiñón en láminas, unas hojas de cilantro y un chorro de aceite de chile.

CALABAZA RELLENA
de QUINOA y VERDURAS

Calabaza

6 calabazas pequeñas

Coloca las calabazas en una bandeja cubierta de papel de aluminio y hornéalas a 180 °C durante 1 hora.
Deja que se enfríen.
Corta la parte superior y vacía el interior con la ayuda de una cuchara, con cuidado de no llevarte la pulpa, tan solo las semillas.

Quinoa

100 g de quinoa
Caldo vegetal

Cuece la quinoa en caldo vegetal durante unos 20 minutos aproximadamente.
Cuélala y resérvala en un bol.

Relleno de verduras

30 g de jengibre
1 puerro
1 calabacín
1 pimiento verde italiano
2 zanahorias
3 tomates
Aceite de oliva virgen extra
Sal
Curry de Madrás

Pica el jengibre y cocínalo en una sartén a fuego bajo con un poco de aceite.
Pica el puerro, lávalo bien y ponlo en la sartén, saltea durante 5 minutos a fuego medio.
Pica el pimiento verde italiano y saltea durante 3 minutos a fuego medio.
Pica el calabacín y las zanahorias y saltea 5 minutos más.
Corta los tomates en gajos y saltea durante 1 minuto.
Añade sal y curry al gusto.
Mezcla las verduras con la quinoa.

Acabado: Calabaza vacía y relleno de verduras.

Rellena las calabazas con la mezcla de verduras y quinoa.

ARROZ *con* LECHE FLAMBEADO

Arroz con leche

1 l de leche de avena
100 g de arroz
80 g de sirope de agave
1 limón
1 naranja
½ rama de canela

Pon en una olla la leche de avena, el arroz, el sirope de agave, la piel de la naranja, la piel del limón y la rama de canela.

Cocina a fuego lento durante 40 minutos con la olla tapada (removiendo constantemente para que no se pegue en el fondo).

Pon el arroz en platos y guárdalos en la nevera durante toda la noche.

Acabado: Arroz con leche y azúcar.

Pon una capa generosa de azúcar por encima del arroz con leche y quémalo con una pala para quemar azúcar o un soplete.

SI NO TIENES SOPLETE NI PALA PARA QUEMAR AZÚCAR PARA FLAMBEAR, PUEDES HACER UN CARAMELO Y VERTERLO POR ENCIMA, TAMBIÉN QUEDARÁ MUY RICO.

PATÉ de MAÍZ y TOMILLO

Paté de maíz y tomillo
300 g de garbanzos
110 g de tahini
40 g de zumo de limón
2 dientes de ajo
60 g de agua
2 mazorcas de maíz
5 g de tomillo
Sal

Desgrana las mazorcas de maíz y saltéalas en una sartén antiadherente hasta que el maíz esté bien dorado.
Tritura todos los ingredientes hasta obtener un paté cremoso y con grumos a la vez.

Acabado: Pepino holandés, pimiento verde italiano, zanahoria, cogollos de Tudela y paté de maíz y tomillo.

Corta el pepino holandés, el pimiento verde y la zanahoria en bastones.
Colócalos en agua fría y déjalos reposar en la nevera durante 1 hora para que estén bien crujientes.
Corta los cogollos de Tudela.
Pon el paté en cuencos y sírvelo con las verduras.

EL SECRETO DE ESTE PATÉ ESTÁ EN SALTEAR MUY BIEN EL MAÍZ.

ARROZ con CAMAGROCS

Caldo vegetal
1 cabeza de ajo
3 tomates
2 cebollas
2 puerros
3 zanahorias
1 chirivía
1 rama de apio
¼ manojo de perejil
3 ramas de tomillo
3 ramas de romero
1 hoja de laurel
3 bayas de pimienta negra
Aceite de oliva virgen extra

Pela y pica los dientes de ajo. Ponlos en una olla con un chorrito de aceite a fuego bajo.
Ralla los tomates y añádelos a la olla. Sigue cocinando a fuego bajo hasta que se haya evaporado el agua del tomate.
Pela y pica las cebollas y los puerros, añádelos al fuego y cocina a fuego medio hasta que se tuesten un poco.
Pela y pica las zanahorias y la chirivía, añádelas al fuego y cocina a fuego bajo hasta que se tuesten un poco.
Pica el apio.
Añade el apio, el perejil, el tomillo, el romero, el laurel y las bayas de pimienta negra a la olla.
Añade agua y cocina durante 3 horas a fuego bajo con la olla tapada.
Cuela el caldo.

Camagrocs al tomillo
5 ramas de tomillo
1 cabeza de ajo
150 g de _camagrocs_

Corta la cabeza de ajo por la mitad y colócala en una olla llena de agua junto a las ramas de tomillo.
Haz que hierva durante 10 minutos a fuego medio.
Cuela el agua hasta que no queden impurezas y resérvala en la olla.
Limpia los _camagrocs_ y ponlos en el agua hirviendo durante 3 segundos.
Cuélalos y resérvalos en un plato con papel para quitar el exceso de agua.

Picada de avellana y perejil
100 g de aceite de oliva 0,4°
¼ manojo de perejil
30 g de avellana
Sal

Tritura todos los ingredientes juntos.

Arroz
300 g de arroz arborio
2 cebollas
10 coles de Bruselas
100 g de vino tinto
Caldo vegetal
Aceite de oliva virgen extra
Sal

Pela y pica las cebollas.
Pon un poco de aceite en una olla y cocina las cebollas picadas a fuego medio hasta que cojan un color un poco tostado.
Pica las coles de Bruselas y viértelas en la olla.
Añade el vino tinto y cocina durante 2 minutos a fuego bajo.
Añade el arroz, un poco de caldo vegetal y sal al gusto.
Cocina a fuego bajo con la olla destapada (ve echando caldo vegetal hasta obtener el punto deseado del arroz).

Acabado: Arroz, *camagrocs* y picada de avellana.

Sirve el arroz en una fuente con los *camagrocs* por encima y un poco de picada de avellana.

Para que el **CALDO** sea EXCEPCIONAL, es IMPORTANTE que las VERDURAS abunden en la olla. ¡No te cortes y LLÉNALA bien!

TRUFAS *de* FRESAS

Trufas de fresas
250 g de leche de soja
20 g de azúcar de abedul
500 g de chocolate 70%
50 g de aceite de coco
300 g de fresas

Pon en un cazo la leche de soja y el azúcar de abedul y cocina a fuego medio.
Una vez haya hervido, viértelo encima del chocolate y del aceite de coco y emulsiona con la ayuda de una túrmix hasta obtener una ganache brillante y homogénea.
Quita el rabo de las fresas y córtalas en mitades o cuartos (dependiendo del tamaño).
Colócalas en una bandeja con papel sulfurizado.
Vierte la ganache por encima y deja que cristalice durante 8 horas en la nevera.
Corta y deja reposar unos minutos las trufas fuera de la nevera antes de servir.

PUEDES CAMBIAR LAS FRESAS POR CUALQUIER FRUTA DE TEMPORADA, SIEMPRE Y CUANDO NO SEA UNA FRUTA TIERNA QUE SUELTE MUCHA AGUA.

Tofu rebozado con chutney de hierbabuena y canónigos

Tofu marinado
250 g de tofu duro
100 g de salsa tamari
150 g de agua
50 g de jengibre
1 cabeza de ajo
1 lima

Corta el tofu en láminas.
Pon en una olla la salsa tamari, el agua, el jengibre cortado en rodajas, la cabeza de ajo cortada por la mitad y la piel de la lima, y cocina a fuego medio hasta que hierva la mezcla.
Viértela sobre el tofu y deja marinar durante 24 horas en la nevera.

Chutney de canónigos y hierbabuena
½ manojo de hierbabuena
50 g de canónigos
2 limas
½ diente de ajo
Sal

Deshoja el manojo de hierbabuena.
Pon una olla con agua a hervir.
Cocina los canónigos y la hierbabuena durante 30 segundos y colócalos rápidamente en agua con hielo.
Tritura las hojas escaldadas con el zumo de 2 limas, ½ diente de ajo y un poco de sal.

Tofu rebozado
100 g de maicena
100 g de sémola de arroz
Tofu marinado

Pon un cazo con aceite de girasol para freír a 180 °C aproximadamente.
Prepara un bol con la maicena, otro con la sémola y otro con agua.
Pasa el tofu por un poco de maicena, después pásalo por el agua, después por la sémola y, por último, por agua otra vez para extraer toda la sémola posible y que esta se quede pegada.

Fríe las láminas de tofu y colócalas sobre papel para extraer el mayor aceite posible.

Acabado: Tofu rebozado, chutney de canónigos y hierbabuena.

Coloca el chutney en un cuenco pequeño, sírvelo con unas láminas de tofu rebozado y unas hojas de hierbabuena.

¡No hay tip que valga! ¡Sigue la receta al pie de la letra y verás que este plato enamorará a cualquiera!

Raviolis rellenos de ricotta de nueces con berenjena ahumada y pimientos

Masa de ravioli
125 g de agua
250 g de sémola
125 g de harina de trigo

Mezcla en un bol el agua con la sémola y la harina.
Deja reposar durante 30 minutos.
Pasa la mezcla por el rodillo hasta obtener el grosor necesario para hacer raviolis.

***Ricotta* de nueces**
1 l de leche de soja
75 g de vinagre de manzana
50 g de nueces
5 hojas de salvia
Sal

Hierve la leche en un cazo.
Una vez haya hervido, apaga el fuego y vierte el vinagre de manzana.
Remueve con cuidado hasta que se separe la leche.
Cuélala en una gasa o una Superbag.
Pica las nueces y la salvia, y mézclalas con el resto de ingredientes.
Pon la mezcla a punto de sal.

Salsa de tomate y salvia
2 dientes de ajo
800 g de tomate
2 hojas de laurel
100 g de vino tinto
8 hojas de salvia
Aceite de oliva virgen extra
Sal
Peperoncino

Pela los tomates, córtalos en cuartos, extrae las semillas y pícalos.
Pon los dientes de ajo picados, el vino tinto, el tomate picado, el laurel y un poco de peperoncino en una olla.

Cocina a fuego bajo hasta que haya reducido una gran parte del agua del tomate. Pon sal al gusto y las hojas de salvia.

Acabado: Masa de raviolis, *ricotta* de nueces, salsa de tomate y salvia, hojas de salvia y aceite de oliva virgen extra.

Estira la masa de los raviolis y córtala en cuadrados.
Pon un poco de *ricotta* en el centro de la mitad de los cuadrados resultantes.
Moja un poco los costados de cada cuadrado de pasta y cierra el ravioli con otro.
Cocina los raviolis en agua hirviendo durante 2 o 3 minutos.
Saltéalos con un poco de aceite de oliva y un poco de salsa de tomate y salvia.
Sirve con un poco de pimienta y unas hojas de salvia.

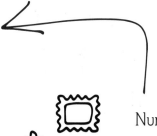

NUNCA PONGAS TODA EL AGUA DE GOLPE AL HACER LA MASA DEL RAVIOLI. AÑÁDELA POCO A POCO HASTA OBTENER UNA MASA HOMOGÉNEA, PERO LO MÁS SECA POSIBLE, ASÍ PODRÁS MANIPULARLA BIEN PARA HACER LA PASTA.

SEGURAMENTE TE
TOCARÁ HACERLO VARIAS
VECES HASTA QUE COJAS
EL PUNTO DE COCCIÓN
IDÓNEO DE ESTE
BIZCOCHO. NO TE
ESTRESES, LA PASTELERÍA
NECESITA PACIENCIA.

BIZCOCHO DE CACAO

Bizcocho de cacao
80 g de aceite de girasol
110 g de chocolate 70%
220 g de azúcar
120 g de harina de trigo
25 g de cacao en polvo
10 g de maicena
2 g de impulsor
2 g de sal
140 g de agua
1 cucharadita de extracto de vainilla

Funde el chocolate y el aceite en un bol.

Una vez fundidos, añade la mitad del azúcar y mezcla bien.

Mezcla la otra parte del azúcar, la harina, el cacao en polvo, la maicena, el impulsor y la sal.

Añade el chocolate fundido con aceite, el agua y la vainilla a esta segunda mezcla, y bate hasta obtener una masa lisa y homogénea.

Vierte la masa en un molde redondo.

Hornea a 150 °C durante 40-50 minutos.

Reserva en la nevera.

Toffee
100 g de sirope de arce
100 g de azúcar
2 g de sal
200 g de nata vegetal

Pon el azúcar en un cazo y cuécelo a fuego bajo hasta que esté caramelizado con un color rubio.

Añade el sirope de arce, la sal y la nata vegetal, y cocina a fuego bajo hasta que llegue a 103 °C.

Reserva en la nevera.

Acabado: Bizcocho de cacao y *toffee*.

Sirve el bizcocho de cacao con unas cucharadas de *toffee*.

EMPANADILLAS de PATATAS y GUISANTES con CHUTNEY de CEBOLLA

Masa empanadilla
500 g de harina de trigo
160 g de cerveza
120 g de aceite de oliva 0,4°
½ cucharadita de sal

Mezcla todos los ingredientes sin trabajarlos mucho para que no se estire el gluten de la harina. Así obtendremos una masa más arenosa y tierna.
Déjala reposar en la nevera durante 3 horas envuelta en film transparente.

Relleno de patata y guisantes
2 patatas medianas
1 boniato pequeño
¼ cucharadita de comino en polvo
¼ cucharadita de *garam masala*
1 cebolla
100 g de guisantes frescos o congelados
Aceite de girasol

Pela la patata y el boniato, y córtalos en cubos pequeños.
Pela y pica la cebolla.
Pon una olla con un poco de aceite de girasol.
Añade la cebolla y cocina durante 3 minutos a fuego medio.
Añade las patatas y el boniato, los guisantes, el comino, el *garam masala* y 100 ml de agua.
Cocina a fuego bajo hasta que se haya evaporado el agua.
Reserva el relleno en la nevera.

Chutney de cebolla
4 cebollas dulces
50 g de azúcar moscabado
1 cucharadita de mostaza
100 g de vinagre de manzana
Sal

Pela la cebolla y córtala en juliana.
Ponla en una olla con el azúcar moscabado, la mostaza, el vinagre y un poco de sal.

Cocina durante 1 hora a fuego bajo. Una vez cocido, reserva en la nevera dentro de un táper.

Acabado: Masa empanada, relleno, chutney de cebolla, cilantro y chile.

Estira la masa de empanada y rellena con el relleno de patata.

Cierra bien la masa.

Hornea a 180 °C hasta que las empanadillas estén completamente doradas (25 minutos aproximadamente).

Sirve las empanadas con el chutney de cebolla en un cuenco pequeño, unas hojas de cilantro y un poco de chile.

No te pases con la cocción de la patata, porque llenarás de agua el relleno. Cuece hasta que esté al dente o añade agua poco a poco hasta que cojas el punto idóneo.

CURRY AMARILLO *con*
ARROZ BASMATI

Arroz basmati
250 ml de arroz basmati
1 cebolla
10 clavos
8 cardamomos
450 ml de agua
Aceite de girasol
Sal

Deja el arroz basmati en remojo durante 15 minutos.
Cuela el agua.
Pica la cebolla, ponla en una olla con un poco de aceite de girasol y cocina a fuego bajo hasta que esté un poco dorada.
Añade el clavo y el cardamomo, y cocina unos minutos más para que se desprenda el aroma.
Añade el arroz, la sal y el agua, y cocina a fuego bajo durante 10 minutos aproximadamente. Destapa y sirve el arroz.

Salsa de curry amarillo
1 cebolla
3 dientes de ajo
25 g de jengibre
1 cucharada de pasta de curry amarillo
1 l de leche de coco
1 lima
1 *lemongrass*
Aceite de girasol
Sal

Pica la cebolla, los ajos y el jengibre, y cocínalos en una olla con aceite de girasol hasta que estén bien dorados.
Añade la piel de la lima y el zumo, el *lemongrass* picado, la pasta de curry amarillo y la leche de coco.
Cocina durante 20 minutos a fuego bajo.
Tritúralo todo y ponlo a punto de sal.

Verdura escaldada
1 brócoli
1 coliflor

1 calabacín
1 zanahoria
1 patata
1 cebolla dulce

Corta las verduras en trozos grandes.
Escalda las verduras en agua hirviendo y después colócalas en agua fría.
Hazlas en este orden:
Brócoli, 30 segundos.
Calabacín, 10 segundos.
Coliflor, 1 minuto.
Cebolla dulce, 10 segundos.
Zanahoria, 1 minuto.
Patata, 2 minutos.

Acabado: Verduras escaldadas, salsa de curry amarillo, albahaca y arroz basmati.

Pon en un cazo la salsa de curry amarillo y mézclala con las verduras.
Sirve en un plato hondo el curry con las verduras.
Decora con unas hojas de albahaca y unas láminas de chile.
Sirve al lado un bol con arroz basmati.

Puedes CAMBIAR la PASTA de CURRY AMARILLO por cualquier CURRY en POLVO que tengas a mano. Por otro lado, si no tienes leche de coco, hazte tu propia LECHE triturando 1 litro de AGUA y 6 cucharadas de COCO RALLADO.

NEW YORK CHEESECAKE
con CHOCOLATE

Galleta
200 g de galletas tipo Digestive
1 g de sal
1 g de canela
100 g de margarina
30 g de coco rallado

Tritura la galleta.
Funde la margarina.
Mezcla en un bol todos los ingredientes y ponlos encima de un molde de 24 cm de diámetro con papel sulfurizado.

Cheesecake
675 g de crema de queso vegetal
225 g de crema agria vegana
250 g de yogur de soja
240 g de azúcar
1 limón
1 naranja
133 g de almidón de patata

Bate la crema de queso durante un buen rato para que se funda y no esté tan compacta.
Añade al queso, poco a poco, la crema agria vegana y el yogur mientras bates.
Tritura el azúcar, el almidón, la piel de limón y la piel de 1 naranja en la túrmix.
Añade, poco a poco, la mezcla de azúcar a la mezcla de queso, crema agria y yogur mientras sigues batiendo (removiendo constantemente para que no haya grumos abajo).
Vierte la mezcla encima de la galleta.
Coloca el molde sobre otro molde más grande para usarlo como baño maría y vierte un poco de agua caliente.
Hornea a 180 °C durante 30 minutos y después a 140 °C durante 40 minutos.
Una vez pasado este tiempo, deja el *cheesecake* 1 hora en el horno apagado.
Guarda el *cheesecake* en la nevera.

Salsa de chocolate
245 g de agua
150 g de azúcar

46 g de cacao en polvo
150 g de chocolate 70%

Pon en una olla el agua, el azúcar y el cacao en polvo.
Cocina a fuego medio y remueve con cuidado para que no se queme.
Una vez haya hervido, vierte el líquido poco a poco sobre el chocolate y emulsiona con la ayuda de una lengua para que no haga burbujas.
Reserva la salsa en la nevera.

Nutella vegana casera
350 g de avellana
150 g de azúcar lustre
80 g de chocolate 70%

Coloca la avellana en una bandeja y hornéala durante 15 minutos a 160 °C o hasta que esté bien dorada.
Tritúrala junto al azúcar lustre hasta que quede un crema lisa y líquida.
Funde el chocolate y mézclalo con la base triturada.
Reserva la crema resultante en la nevera.

Acabado: *Cheesecake*, salsa de chocolate y Nutella vegana casera.

Corta el *cheesecake* y sírvelo con la salsa de chocolate y la Nutella vegana casera por encima.

PARA HACER ESTA RECETA, SUELO USAR UNA CREMA DE QUESO VEGETAL LLAMADA TOFUTTI, AUNQUE TAMBIÉN HAY OTRAS MARCAS COMO VIOLIFE O SHEESE. DE TODOS MODOS, SI NO TIENES NINGUNA DE ESTAS, USA TOFU SIN NINGÚN PROBLEMA, QUEDARÁ RIQUÍSIMO.

LA CLAVE DE ESTA RECETA ESTÁ EN USAR UN PIÑÓN (NACIONAL) DE
BUENA CALIDAD. HARÁ QUE TU PATÉ SEA EL MEJOR DEL MUNDO.

PATÉ de PUERROS y PIÑONES

Paté de puerros y piñones
225 g de tofu
500 g de puerros
50 g de piñones
Sal ahumada
Sal

Corta un paquete de tofu de 225 g en lonchas y hornéalas en una bandeja con un poco de aceite de girasol a 180 °C hasta que estén doradas. Cuando esté horneado tendrás 200 g de tofu aproximadamente.

Corta el puerro en rodajas y déjalo en remojo para extraer toda la tierra posible. Cocínalo a fuego bajo en una olla con la tapa puesta hasta que esté bien pochado y quede muy poca agua en el puerro (más de 30 minutos). Obtendrás 300 g de puerro pochado aproximadamente.

Tritura el puerro y el tofu en la túrmix con un poco de sal ahumada y sal normal.

Tuesta los piñones en el horno a 150 °C hasta que estén un poco dorados.

Mezcla los piñones con el paté.

Reserva en la nevera en un táper.

Crackers deshidratados
30 g de semillas de lino
50 g de semillas de calabaza
30 g de semillas de sésamo
1 cebolla
40 g de perejil
1 zanahoria
3 g de curry en polvo
Sal

Pon las semillas en remojo.

Tritura la cebolla, el perejil, la zanahoria y el curry.

Añade las semillas y deja reposar la masa 8 horas en la nevera.

Pon sal al gusto.

Extiende la masa de _cracker_ en un deshidratador (deshidrata mínimo 24 horas hasta que no quede nada de agua en la masa).

Acabado: Paté de puerros y piñones y _crackers_ deshidratados.

Sirve el paté con unos _crackers_.

ROLLITOS de SETAS con CREMA de ALBAHACA y ANACARDOS

Relleno de setas

150 g de champiñones
150 g de setas shiitake
1 diente de ajo
10 g de jengibre
4 ramas de perejil
Aceite de oliva virgen extra
Sal

Pica el diente de ajo y el jengibre. Saltéalo con un poco de aceite.

Pica los champiñones y el shiitake, y añádelo a la sartén. Saltea a fuego medio hasta que coja un color dorado.

Por último, pica el perejil y añádelo a la sartén con el fuego apagado.

Crema de albahaca y anacardos

1 manojo de albahaca
100 g de anacardos
300 g de agua
1 diente de ajo

Deshoja el manojo de albahaca.

Escalda las hojas en agua hirviendo durante 10 segundos y ponlas de inmediato en agua fría.

Tritura la albahaca, los anacardos, el agua y el diente de ajo hasta obtener una crema lisa.

Acabado: Masa filo, relleno de setas y crema de albahaca y anacardos.

Estira una hoja de masa filo, píntala con un poco de aceite y rellénala con un poco de relleno de setas. Enróllala y colócala en una bandeja. Repite la acción hasta acabar el relleno.

Pinta los rollitos con un poco de aceite.

Hornea a 180 °C hasta que los rollitos estén dorados.

Córtalos y sírvelos con un bol pequeño de crema de albahaca y anacardos.

PUEDES CAMBIAR LA ALBAHACA POR CUALQUIER OTRA HIERBA Y TENDRÁS SABORES DIFERENTES, PERO SIEMPRE UNA TEXTURA PERFECTA PARA ESTE PLATO.

PERAS al BRANDI con NARANJA y CARDAMOMO

Peras al brandi con naranja y cardamomo

5 peras conferencia
1 l de agua
100 g de brandi
120 g de sirope de agave
1 naranja
14 semillas de cardamomo

Pela las peras y colócalas en una olla.

Añade el agua, el brandi, el sirope de agave, la piel de la naranja y las semillas de cardamomo.

Cocina a fuego bajo con la olla tapada durante 45 minutos.

Déjalas enfriar y sírvelas a temperatura ambiente.

Si no quieres alcohol en los postres, aunque este se evapore, cámbialo en esta receta por 100 g de agua y 6 clavos, el aroma que le dan combina perfectamente con la pera.

BERENJENAS *a la* OTTOLENGHI

Berenjenas asadas
3 berenjenas
1 rama de tomillo
150 g de aceite de oliva virgen extra
¼ cucharadita de *sumaq*
Sal
Pimienta

Tritura el aceite con las hojas de la rama de tomillo, el sumaq y sal y pimienta al gusto.
Corta las berenjenas en rodajas, ponlas en una bandeja para hornear y píntalas con el aceite.
Hornea 40 minutos a 180 °C hasta que estén doradas.

Ensalada de bulgur y granada
100 ml de bulgur
1 granada
1 cebolla roja
2 tomates
1 rama de perejil
1 rama de cilantro
1 limón
50 g de aceite de oliva virgen extra
Sal

Pon el bulgur en una olla y añádele 200 ml de agua hirviendo.
Tápalo y deja que absorba todo el líquido.
Desgrana la granada.
Extrae las semillas de los tomates y córtalos en brunoise.
Corta la cebolla en brunoise.
Pica las hojas del perejil y del cilantro.
Exprime el limón.
Mezcla en un bol el bulgur cocido con la granada desgranada, el tomate, la cebolla, las hierbas, el zumo del limón, el aceite de oliva y sal al gusto.

Tahini con yogur de soja
280 g de yogur de soja sin azúcar
1 limón
200 g de aceite de sésamo o tahini
Sal

Exprime el limón.
Tritura todos los ingredientes hasta obtener una salsa lisa y sin grumos.
Ponlo a punto de sal.

Acabado: Berenjenas asadas, ensalada de bulgur y granada y tahini con yogur de soja.

Sirve las berenjenas asadas amontonadas.
Vierte la salsa tahini de yogur de soja por encima y, por último, la ensalada de bulgur y granada.

Deja REPOSAR las BERENJENAS cortadas con un POCO de SAL para QUITARLES el AMARGOR.

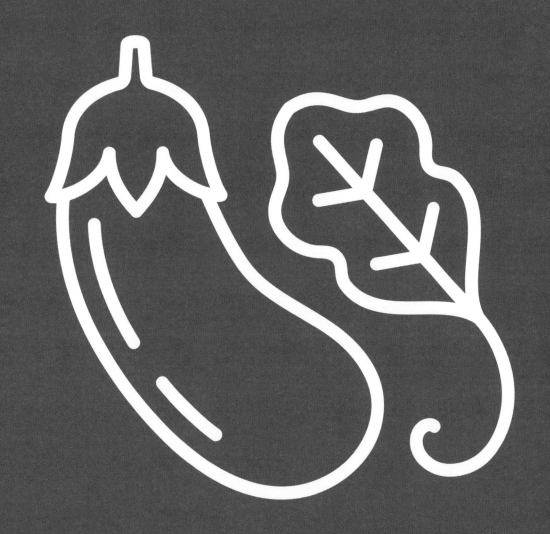

ESTOFADO *de* SEITÁN *con* ESPIGALLS

Estofado de seitán

12 filetes de seitán casero
100 g de harina de espelta
1 cabeza de ajo
1 limón
2 zanahorias
1 cebolla
1 tomate
1 calabacín
4 ramas de tomillo
Aceite de oliva virgen extra
500 ml de vino blanco
Sal

Reboza el seitán con un poco de harina de espelta.

Cocina el seitán rebozado en una sartén con un poco de aceite de oliva virgen extra (vuelta y vuelta).

Pica la cebolla y el tomate, y ponlos en una olla con un poco de aceite. Cocina a fuego medio hasta que se hayan dorado un poco.

Añade la cabeza de ajo cortada por la mitad bocabajo y cocina hasta que se dore.

Corta la zanahoria y el calabacín en trozos irregulares.

Corta el limón por la mitad.

Añade el seitán, el vino blanco, la zanahoria, el calabacín, las ramas de tomillo y el limón partido por la mitad, y cubre con agua hasta que supere un dedo por encima del estofado.

Cocina a fuego bajo durante 1 hora.

Pon la olla en el horno a 180 °C y cocina durante media hora.

Espigalls salteados

3 dientes de ajo
1 manojo de espigalls
Aceite de oliva virgen extra
Sal
Pimienta

Pica los dientes de ajo.

Pica los espigalls en trozos irregulares.

Saltea el ajo y los espigalls en una sartén a fuego medio con un poco de aceite durante 5 minutos.
Una vez salteados, tapa la sartén y cocina a fuego bajo durante 20 minutos.
Añade sal y pimienta al gusto.

Acabado: Estofado de seitán y espigalls salteados.

Sirve la olla de estofado en la mesa recién sacada del horno.
Acompaña con un poco de espigalls salteados.

ESPIGALLS, GRELOS o ESPINACAS frescas combinan PERFECTAMENTE. Usa la verdura que te sea más FÁCIL de encontrar.

TRENZA de ALMENDRA y CACAO con GLASEADO de LIMÓN

Brioche
330 g de harina de fuerza
60 g de margarina
5 g de sal
60 g de azúcar
30 g de levadura seca
190 g de agua
1 naranja
1 limón

Pon en la amasadora la harina de fuerza, el azúcar, la levadura seca y la sal.
Añade el agua, la piel del limón y la naranja rallada. Amasa durante 10 minutos.
Añade por último la margarina.
Amasa otros 5 minutos.
Deja reposar la masa 30 minutos en un lugar cálido.

Relleno
100 g de harina de almendra
70 g de margarina
70 g de azúcar
30 g de harina
18 g de cacao
30 g de agua
50 g de pasas
1 ½ cucharadita de canela

Tritura todos los ingredientes.

Glaseado
300 g de azúcar lustre
65 g de zumo de limón

Mezcla el azúcar y el zumo en un bol hasta que no haya ningún grumo.

Acabado: Brioche, relleno de almendra y cacao y glaseado

Estira la masa, extiende el relleno y enrolla la masa.
Corta en tres trozos y haz forma de trenza.
Deja fermentar 45 minutos en un lugar cálido.
Hornea a 190 °C hasta que esté dorado.
Una vez fuera del horno, pinta con el glaseado de limón.

El SECRETO para obtener una MASA PERFECTA

es AMASAR MÍNIMO 15 minutos el brioche.

Menús veganos para sorprender a los amigos

BROCHETAS DE TOFU Y CALABAZA CON SALSA DE MISO Y CHILE

Brochetas de tofu y calabaza

250 g de tofu ahumado
½ calabaza
Aceite de oliva virgen extra

Corta el tofu en cubos regulares para poner en brocheta.
Pon la calabaza en el horno en bloque (sin cortar) y hornéala a 180 °C durante 30 minutos.
Una vez horneada, déjala enfriar y córtala en cubos regulares.
Haz brochetas mezclando el tofu con la calabaza.
Cocínalas vuelta y vuelta en una sartén con un poco de aceite.

Salsa de miso y chile

1 diente de ajo
60 g de salsa tamari
10 g de miso rojo
30 g de sirope de agave
1 cucharadita de *sambal oelek* o chile seco
80 g de aceite de girasol

Pica el diente de ajo.
Mezcla todos los ingredientes y déjalos reposar a temperatura ambiente.

Ensalada de apio, zanahoria y pimiento verde

3 zanahorias
1 pimiento verde
3 ramas de apio
4 pepinillos
20 hojas de cilantro
30 g de de vinagre de arroz
Sal

Pela la zanahoria y córtala en rodajas finas.
Pon las rodajas en una olla con agua hirviendo y un poco de sal durante 2 minutos. Inmediatamente después, sumérgelas en agua fría.
Abre el pimiento verde por la mitad, extrae las semillas y córtalo en tiras finas.
Corta las ramas de apio y los pepinillos en rodajas finas. Pica el cilantro.
Coloca en un bol la zanahoria, el apio, el pimiento verde, los pepinillos, el cilantro picado, sal al gusto y el vinagre de arroz, y mezcla bien.

Acabado: Brochetas de tofu, salsa de miso y chile, ensalada de apio, zanahoria y pimiento verde.

Pinta las brochetas de tofu con un poco de salsa de miso y chile, y sirve un poco de ensalada en un costado del plato.

Si CUECES la CALABAZA hasta que esté al DENTE, te será MUY FÁCIL pincharla con los PALILLOS y después PASARLA por la PLANCHA sin que se ROMPA.

TIP

¡Esta receta de masa quebrada es muy molona! Pero el truco está en que la dejes reposar en nevera toda la noche. Prueba a cocer la que ha reposado 8 horas y otra recién hecha, verás la diferencia.

QUICHE DE ALCACHOFAS, PATATAS Y PIÑONES

Masa quebrada
250 g de harina de trigo
80 g de aceite de oliva
90 g de agua
1 cucharadita de sal

Mezcla todos los ingredientes y amasa hasta obtener una masa lisa y homogénea. Guárdala con film transparente y resérvala en la nevera 8 horas.

Relleno de quiche
3 alcachofas
2 patatas medianas
20 g de piñones del país
8 hojas de albahaca
350 g de leche de avena
50 g de aceite de oliva
30 g de maicena
Sal
Pimienta
Albahaca

Pela las alcachofas, extrae la parte interior y córtala en cuartos. Ponlas en agua hirviendo con 1 cucharadita de sal durante 5 minutos. Inmediatamente después, sumérgelas en agua fría.

Pela las patatas y córtalas en trozos irregulares pequeños. Ponlas a hervir hasta que empiecen a estar tiernas. A continuación, sumérgelas en agua fría.

Pon en un cazo la leche de avena, el aceite de oliva, la maicena, un poco de sal y pimienta al gusto. Remueve bien y cocina a fuego medio hasta que haya hervido la mezcla y esté un poco espesa.

Mezcla en un bol la alcachofa, la patata, las hojas de albahaca, la leche de avena espesada, la mitad de los piñones y salpimienta al gusto.

Vierte el relleno sobre la masa quebrada, coloca la otra mitad de los piñones por encima y pinta con un poco de aceite.

Hornea a 180 °C durante 30 minutos.

Una vez salga del horno pinta con un poco de aceite y sirve con unas hojas de albahaca.

Sablé de chocolate 70%

Sablé de chocolate 70%
235 g de chocolate 70%
270 g de harina de trigo
45 g de cacao
7 g de bicarbonato
233 g de margarina
185 g de azúcar moreno
75 g de azúcar
4 g de sal
1 cucharadita de aroma de vainilla

Pica el chocolate.

Mezcla la harina, el cacao, la sal y el bicarbonato en un bol.

Bate los azúcares con la margarina. Añade la mezcla de harina y el aroma de vainilla, y mezcla lo menos posible para obtener una galleta arenosa.

Por último añade el chocolate amasando lo menos posible.

Haz rollos de 5 cm de diámetro y córtalos con un cuchillo. Coloca los sablés en una bandeja con papel.

Hornéalos a 170 °C de 10 a 12 minutos.

Reserva en frío.

 ¡CUIDADO, ESTA GALLETA SOLO ES APTA PARA ADICTOS AL CHOCOLATE!

CREMA de ZANAHORIA y BONIATO con JUDÍAS REDONDAS

Crema de zanahoria y boniato
1 cucharada de aceite de oliva virgen extra
1 cucharadita de jengibre fresco rallado
1 cebolla
4 zanahorias medianas
1 boniato
50 g de almendra tostada
2 hojas de laurel
2 granos de pimienta rosa o negra
Sal

Pon el aceite de oliva virgen extra y el jengibre en una olla y cocina a fuego bajo-medio hasta que coja un poco de color.

Pica la cebolla, añádela a la olla y cocina durante 5 minutos a fuego bajo con la olla tapada.

Pela las zanahorias y el boniato, y córtalos en cubos pequeños, ponlos en la olla y cocina a fuego bajo durante 10 minutos removiendo constantemente.

Añade agua hasta cubrir dos dedos por encima las verduras.

Pon las almendras tostadas, las hojas de laurel y los granos de pimienta, y cocina a fuego bajo-medio durante 30 minutos.

Quita las hojas de laurel, añade sal al gusto y tritura la crema.

Judías redondas con olivas
12 vainas de judías redondas
6 olivas manzanilla
1 cucharada de aceite de oliva virgen extra

Pon una olla llena de agua a hervir.

Una vez hierva, escalda las judías durante 30 segundos y ponlas inmediatamente en agua con hielo.

Deshuesa las olivas y pícalas.

Pon el aceite en una sartén a fuego alto y saltea las olivas y las judías durante 10 segundos.

Acabado: Crema de zanahoria y boniato, judías con olivas, espinacas baby y rúcula y pimienta.

Sirve la crema en un bol. Añade unas judías con cuidado.

Decora con unas hojas de espinaca, unas hojas de rúcula y un poco del aceite de oliva de saltear las judías. Pon pimienta al gusto.

TIP

La textura de esta crema la conseguirás gracias al boniato, hará que sea muy cremosa. Pero, si no lo encuentras, con patata también funciona.

MUSAKA GRATINADA

Bechamel con leche de avena

500 ml de leche de avena
30 g de maicena
50 g de aceite de oliva virgen extra
¼ cucharadita de nuez moscada
Sal

Diluye la maicena con un poco de leche de avena.

Pon en una olla la leche de avena, el aceite, la nuez moscada y sal al gusto.

Cocina a fuego medio removiendo constantemente.

Una vez haya hervido, vierte un poco en la maicena diluida con la leche de avena, remueve bien y vierte la mezcla en la olla.

Cocina removiendo constantemente hasta que la mezcla haya espesado.

Guiso de relleno

4 alcachofas
2 berenjenas
300 g de garbanzos cocidos
2 dientes de ajo
400 g de conserva de tomate en trozos pelado
Aceite de oliva virgen extra
Sal

Quita las hojas exteriores de las alcachofas (pélalas bien sin cortar el tallo).

Métalas en agua fría con zumo de limón para que no se oxiden.

Cocina las alcachofas con agua hirviendo durante 5 minutos.

Una vez cocidas resérvalas en agua fría hasta que se enfríen.

Corta la berenjena en cubos irregulares y déjala en sal encima de un colador durante 15 minutos para que pierda el amargor.

Pica los dientes de ajo.

Pon una sartén grande con un poco de aceite de oliva virgen extra.

Cuece los ajos a fuego bajo durante 2 minutos.

Añade la berenjena y cocina a fuego medio durante 5 minutos hasta que esta coja un poco de color.

Añade los garbanzos, el tomate en conserva y las alcachofas.

Cocina a fuego bajo durante 15 minutos, removiendo constantemente para que no se queme.

Acabado: Bechamel de leche de avena y guiso de relleno.

Pon el guiso en una fuente para horno.
Cúbrelo con la bechamel y hornea a 190-200 °C durante 20 minutos.
Por último, cocina con el grill del horno hasta que se dore la bechamel.

Si no tienes TIEMPO para hacer la BECHAMEL, haz una CRUDA triturando 300 g de ANACARDOS, 450 g de agua, SAL y 20 g de LEVADURA nutricional.

DONUTS con SALSA de CARAMELO

Donuts

500 g de harina de fuerza
8 g de sal
38 g de azúcar moreno
25 g de levadura fresca
220 g de agua
La piel de 1 limón
¼ cucharadita de canela
20 g de aceite de girasol

Amasa todos los ingredientes juntos durante 5 minutos.

Deja reposar la masa en un bol cubierto con film transparente en la nevera durante 6 horas.

Estira la masa con un poco de harina, dale la forma deseada y deja fermentar los donuts hasta que dupliquen su tamaño.

Fríelos en aceite de girasol a 180 °C (dales la vuelta cuando estén dorados por debajo).

Glaseado de limón

420 g de azúcar lustre
84 g de zumo de limón

Mezcla el azúcar lustre con el zumo de limón.

Glasea los donuts aún calientes con la ayuda de una rejilla y déjalos enfriar.

Salsa de caramelo

120 g de azúcar
100 g de sirope de agave
200 g de nata vegetal de soja o de arroz
1 g de sal

Cocina el azúcar y el sirope de agave en un cazo pequeño lentamente a fuego bajo.

Cuando la mezcla haya cogido un color dorado, añade la nata vegetal y la sal.

Cuece a fuego bajo hasta que coja textura de salsa de toffee o caramelo.

Tritura si es necesario con la salsa aún caliente para que no haya ningún grumo.

Acabado: Donuts glaseados y salsa de caramelo.

Sirve los donuts en una fuente con un poco de salsa de caramelo en un bote.

 PARA QUE EL DONUT NO TE ABSORBA APENAS ACEITE, RECUERDA FREÍR A 180 °C. LA TEMPERATURA ES CLAVE PARA QUE SEA UN POSTRE PERFECTO.

CREMA de PUERRO, PATATA, ZANAHORIA y CÚRCUMA con ALCACHOFAS SALTEADAS

Crema de puerro, patata, zanahoria y cúrcuma

2 cucharadas de aceite de coco
2 puerros
1 patata
4 zanahorias
½ cucharadita de cúrcuma
¼ cucharadita de *garam masala*
30 g de anacardos
Sal

Pica el puerro y lávalo bien. Guarda las hojas de fuera para hacer caldo.

Pon en una olla el aceite de coco y el puerro, y cocina a fuego bajo hasta que el puerro coja color.

Pela la patata y las zanahorias y córtalas en cubos.

Añade a la olla la patata, las zanahorias, la cúrcuma, el *garam masala*, los anacardos y sal al gusto.

Llénala de agua o caldo vegetal hasta que cubra dos dedos por encima, tapa la olla y cocina a fuego bajo durante 20 minutos.

Tritura con una túrmix hasta obtener una crema lisa.

Alcachofas salteadas

3 alcachofas
Aceite de oliva virgen extra

Quita las hojas exteriores de las alcachofas (pélalas bien sin cortar el tallo).

Métetelas en agua fría con zumo de limón para que no se oxiden.

Cocina las alcachofas con agua hirviendo durante 5 minutos.

Resérvalas en agua fría hasta que se enfríen.

Córtalas en cuartos.

Saltea las alcachofas en una sartén con un poco de aceite de oliva virgen extra (vuelta y vuelta hasta que estén doradas por ambos lados).

Queso líquido de anacardos
80 g de anacardos
120 g de agua
10 g de levadura nutricional
Sal

Tritura todos los ingredientes hasta obtener una salsa sin grumos.
Ponla a punto de sal.

Acabado: Crema de puerro, patata, zanahoria y cúrcuma, alcachofas salteadas, queso líquido de anacardos y pimienta.

Sirve la crema en un bol con unas alcachofas a la plancha, un poco de queso líquido de anacardos y pimienta recién molida al gusto.

SEITÁN con VERDURAS SERVIDO con CREMA de HARISSA y LECHE de AVENA

Crema de *harissa* y leche de avena

1 diente de ajo
1 cebolla dulce
10 g de harina de espelta
500 ml de leche de avena
2 clavos de olor
1 cucharadita de *harissa*
Sal
Aceite de girasol

Pela y pica el diente de ajo y la cebolla.

Cocínalos en una olla pequeña a fuego bajo durante 5 minutos con un poco de aceite de girasol.

Añade la harina de espelta bien esparcida y la leche de avena en tres veces para que se vaya mezclando bien con la harina.

Pon los clavos de olor, la *harissa* y sal al gusto.

Cuece a fuego bajo durante 15 minutos.

Quita los clavos y tritura la mezcla hasta obtener una salsa lisa y homogénea.

Boniato asado

2 boniatos
Aceite de oliva virgen extra
Sal
2 ramas de tomillo

Pela los boniatos y córtalos en cubos grandes.

Ponlos en una bandeja de horno con un poco de aceite de oliva, sal y las ramas de tomillo.

Cubre la bandeja con papel de aluminio.

Hornea a 180 °C durante 30 minutos o hasta que el boniato esté tierno pero al dente.

Seitán con verduras y crema de *harissa* y avena

6 vainas de judías verdes
1 pimiento rojo
1 pimiento amarillo
300 g de seitán casero

Puedes CAMBIAR la HARISSA por PIMENTÓN DULCE

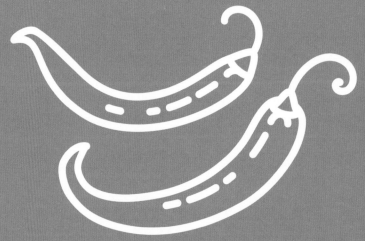

mezclado con un poco del PICANTE, pero te RECOMIENDO que lo pruebes con harissa, ¡es FENOMENAL!

Aceite de girasol
Sal
Crema de *harissa* y avena

Cocina las judías verdes con agua hirviendo durante 5 minutos.

Resérvalas en agua fría hasta que se enfríen y córtalas en cuartos.

Corta los pimientos en tiras.

Pon un poco de aceite de girasol en una sartén y cocina a fuego alto el seitán hasta que se dore.

Añade los pimientos y las judías verdes y cocina a fuego alto durante 1 minuto hasta que cojan color.

Vierte la crema de *harissa* y cocina a fuego bajo durante 7 minutos.

Acabado: Boniato asado, 20 g de anacardos tostados, 30 g de cacahuetes salados, cilantro, brotes y seitán con verduras y crema de *harissa* y avena.

Sirve en una fuente el boniato asado en la parte inferior.

Encima del boniato, sirve el seitán con la crema de *harissa* y avena.

Pica los anacardos y los cacahuetes.

Decora con los frutos secos picados, unas hojas de cilantro y unos brotes.

TIP

Me gusta trabajar con café molido directamente en mis cremas para postres, el sabor es completamente diferente al del café soluble. Si quieres, prueba la misma crema con café molido y con soluble y ya me dirás cuál te gusta más.

PASTEL *de* CHOCOLATE *con* CREMA *de* CAFÉ *y* OREO

Bizcocho de chocolate

220 g de harina de trigo
50 g de cacao en polvo
175 g de azúcar
10 g de impulsor
5 g de bicarbonato
4 g de sal
260 g de agua
30 g de chocolate 70%
110 g de aceite
2 cucharaditas de vainilla

Mezcla en un bol la harina, el cacao, el impulsor, el azúcar, la sal y el bicarbonato.
Añade el agua, el aceite y la vainilla.
Amasa hasta obtener una masa homogénea.
Coloca 2 moldes de 20 cm forrados con papel en una bandeja y vierte 410 g de mezcla en cada uno.
Hornea a 180 °C hasta que, al pinchar con un palillo, este salga limpio.
Reserva en la nevera.

Crema de café y Oreo

300 g de nata vegetal para montar
30 g de Oreos
1 cucharadita de café molido muy fino

Abre las galletas y extrae la crema.
Tritura las galletas sin crema con el café molido.
Monta la nata con la crema de relleno de Oreo.
Una vez esté bien montada, mézclala con la galleta y el café molido.

Acabado: Bizcocho de chocolate, crema de café y Oreo y 60 g de chocolate 70% en gotas.

Cubre la superficie de un bizcocho con la crema.
Pon el bizcocho encima y cúbrelo todo con más crema (por encima y por los costados). Alisa con la ayuda de una espátula.
Pon más crema en una manga pastelera y decora los bordes de la parte superior.
Pica el chocolate con un cuchillo en trozos irregulares y decora los bordes del pastel.

BRUSCHETTAS de CHERRIS con AGUACATE y BRÓCOLI con OLIVAS de ARAGÓN

Bruschetta de cherri con aguacate

2 aguacates
1 lima
100 g de tomates cherri clásicos
100 g de tomates cherri amarillos
80 g de tomates secos en aceite
1 diente de ajo
Sal
Pimienta
Aceite de oliva virgen extra
6 rebanadas de pan

Abre los aguacates y deshuésalos.

Pon la carne en un cuenco con el zumo de la lima y aplástala con la ayuda de un tenedor.

Ponla a punto de sal.

Pon todos los tomates cherri en una bandeja para hornear con un poco de aceite de oliva virgen extra y un poco de sal y hornéalos a 200 °C durante 2 minutos.

Una vez horneados, pélalos.

Pica los tomates secos.

Tuesta el pan en una plancha, horno o tostadora.

Frota el ajo por la parte superior de las rebanadas de pan.

Extiende el aguacate por el pan, coloca unos tomates secos por encima y finaliza con tomates cherri pelados.

Pon pimienta, sal y aceite de oliva virgen extra al gusto.

Bruschetta **de brócoli con olivas de Aragón**

150 g de olivas de Aragón
6 hojas de perejil
1 cucharada de aceite de oliva virgen extra
½ brócoli
Aceite de oliva virgen extra
Sal
Pimienta
6 rebanadas de pan

Deshuesa las olivas.

Corta ¼ de las olivas por la mitad y resérvalas para después.

Tritura los ¾ de olivas restantes junto con las hojas de perejil y el aceite de oliva.

Corta el brócoli en forma de pequeños árboles, cocínalo en una olla con agua hirviendo con un poco de sal durante 30 segundos y sumérgelo inmediatamente en agua fría.

Cuela el agua del brócoli y saltéalo con un poco de aceite de oliva virgen extra en una sartén a fuego alto durante 30 segundos.

Tuesta el pan en una plancha, horno o tostadora.

Unta las rebanadas de pan con el paté de oliva de Aragón, pon un poco de brócoli salteado por encima y decora con unos trozos de oliva de Aragón del ¼ que hemos reservado, aceite y un poco de pimienta.

La COMBINACIÓN de BRÓCOLI y oliva de Aragón es como la de TOMATE y ALBAHACA, simplemente PERFECTA. Úsala para cualquier otro PLATO.

ESPAGUETIS con ALBÓNDIGAS de SEITÁN y SALSA DE TOMATE y OLIVAS

Salsa de tomate y olivas
1 kg de tomates en rama bien maduros
2 dientes de ajo
1 hoja de laurel
1 cucharada de aceite de oliva virgen extra
30 g de olivas sicilianas
80 g de tomates cherri variados
Sal

Tritura el tomate en rama hasta obtener una salsa lisa y sin grumos.
Pica los dientes de ajo y ponlos en una sartén con la cucharada de aceite de oliva virgen extra.
Cuécelos a fuego bajo durante 1 minuto, añade el tomate triturado y la hoja de laurel y cocina a fuego bajo-medio durante 30 minutos o hasta que el tomate se haya reducido a más de la mitad.
Deshuesa las olivas sicilianas y córtalas por la mitad.
Corta los tomates cherri por la mitad.
Añade a la salsa las olivas y los cherris y cocina durante 3 minutos más.

Albóndigas de seitán
200 g de lentejas cocidas
300 g de seitán casero
80 g de nueces
½ cucharadita de curry de Madrás
80 g de copos de avena
30 g de pan rallado
Sal
Aceite de girasol

Pica los copos de avena con una trituradora hasta obtener una harina fina.
Tritura todos los ingredientes hasta obtener una masa bien mezclada.
Pon sal al gusto.

Deja reposar la masa en la nevera cubierta de film transparente durante 1 hora para que se hidrate el pan rallado y los copos de avena. Añade más pan rallado si es necesario, ya que la humedad de las lentejas o del seitán puede variar según la marca o la manera de cocer de cada uno.

Haz bolas con la masa y fríelas en una freidora con aceite de girasol a 180 °C hasta que estén bien doradas.

Queso líquido de macadamia
80 g de macadamia
110 g de agua
15 g de levadura nutricional
Sal

Tritura todos los ingredientes hasta obtener una salsa sin grumos.
Ponla a punto de sal.

Acabado: 500 g de espaguetis, salsa de tomate y olivas, albóndigas de seitán, queso líquido de macadamia y pimienta.

Hierve los espaguetis en agua con sal siguiendo el tiempo recomendado en el envase.
Sirve los espaguetis en cada plato.
Pon un poco de salsa de tomate y olivas en el centro y 3 albóndigas por plato.
Finaliza con un poco de queso líquido de macadamia y pimienta.

Si no tienes TOMATE de RAMA de buena calidad por no ser temporada, puedes

usar tomate TRITURADO de BOTE, pero que sea NATURAL y nunca tomate frito.

PASTEL *de* ZANAHORIA *sin* GLUTEN *con* CACAHUETES

Bizcocho de zanahoria

240 g de harina sin gluten
225 g de azúcar moreno
8 g de impulsor
7 g de bicarbonato
4,5 g de sal
2 g de canela
2 g de mezcla de pan de especias
250 g de zanahoria pelada
50 g de pasas
160 g de agua
112 g de aceite de girasol

Mezcla todos los ingredientes secos en un bol: la harina sin gluten, el azúcar moreno, el bicarbonato, la sal, el impulsor, la canela y el pan de especias.

Tritura la zanahoria con la ayuda de una picadora.

Pon las pasas en un cazo bien cubiertas de agua y deja que hiervan durante 10 minutos.

Cuélalas y tritúralas.

Añade el agua, el aceite, la zanahoria picada y las pasas trituradas al bol y bate con la ayuda de unas varillas.

Vierte la masa en 2 moldes de 20 cm de diámetro. Hornea a 180 °C durante 18-20 minutos o hasta que, al pinchar con un palillo, este salga limpio.

Reserva en la nevera.

Crema de queso vegano

224 g de crema de queso vegano
48 g de margarina pomada
60 g de azúcar lustre
130 g de nata vegetal para montar

Bate la margarina con el azúcar lustre hasta que obtengas una crema bastante fluida.

Añade la crema de queso y bate durante 2 minutos más hasta obtener una crema sin grumos (asegúrate de que no queden pegotes de crema de queso en los bordes ni en el fondo).

Monta la nata vegetal.

Viértela en la mezcla de queso-margarina-azúcar y mezcla con la ayuda de una lengua para que baje lo mínimo posible la burbuja de la nata.

Acabado: Bizcocho de zanahoria, crema de queso vegano y 60 g de cacahuetes salados.

Extiende crema encima de una de las bases del bizcocho con la ayuda de una espátula.

Coloca otro bizcocho encima y acaba de extender la crema por todo el pastel hasta que quede bien cubierto.

Pica los cacahuetes.

Decora el pastel con cacahuete picado por encima.

SI TRITURAS MUCHO LA ZANAHORIA, OBTENDRÁS UN BIZCOCHO CON MUCHA AGUA. NO TENGAS MIEDO Y TRITURA SOLO HASTA OBTENER TROCITOS PEQUEÑOS, ADEMÁS SE VERÁN LOS PEDACITOS UNA VEZ ESTÉ HORNEADO EL BIZCOCHO Y QUEDA MUY BONITO.

Así se sirve una
hamburguesa

HAMBURGUESA DE GARBANZOS CON PIMENTÓN Y ALIOLI

Bollo de hamburguesa

330 g de harina de fuerza
50 g de azúcar
5 g de levadura seca
4 g de sal
180 g de agua
30 g de aceite de oliva
Sésamo

Pon la harina de fuerza, el azúcar, la levadura seca y la sal en la amasadora.
Añade el agua y amasa durante 10 minutos.
Añade por último el aceite y amasa otros 5 minutos.
Deja reposar la masa 2 horas en la nevera.
Pasado el tiempo de reposo, amasa un poco para bajar el fermento de la masa.
Haz bollos de unos 85 g cada uno.
Moja la parte superior con un poco de agua, cubre los bollos con un poco de sésamo y colócalos en una bandeja.
Deja fermentar durante 1 hora y media a temperatura ambiente en un lugar cálido.
Hornea a 190 °C hasta que cojan un color dorado.

Hamburguesa de garbanzos

400 g de garbanzos cocidos
40 g de nueces
200 g de tofu ahumado
70 g de copos de avena
8 hojas de albahaca
1 cucharadita de mostaza
2 cucharaditas de pimentón ahumado
Sal
Pimienta
Aceite de oliva virgen extra
Queso vegano

Pon en un vaso triturador los garbanzos, las nueces, el tofu ahumado, los copos de avena, la albahaca, la mostaza y el pimentón ahumado. Añade sal y pimienta al gusto.
Pica todos los ingredientes a máxima velocidad con golpes secos para que no se conviertan en puré.

Deja reposar la masa en un bol tapado con film transparente durante 1 hora.
Haz hamburguesas y resérvalas en una bandeja.
Pon una sartén a fuego medio con un chorro de aceite de oliva.
Cocina las hamburguesas vuelta y vuelta hasta que se doren.
Pon el queso encima, apaga el fuego y tapa la sartén hasta que el queso funda.

Alioli
120 g de leche de soja
230 g de aceite de girasol
1 diente de ajo
30 g de vinagre de manzana
Sal

Tritura la leche de soja con el ajo y la sal hasta que esté todo bien triturado.
Añade poco a poco el aceite de girasol triturando a velocidad media.
Por último añade el vinagre y ponlo a punto de sal si es necesario.
Reserva en la nevera.

Acabado: Bollo de hamburguesa, hamburguesa de garbanzos, alioli y hojas de trocadero.

Corta el bollo por la mitad.
Coloca unas hojas de trocadero, la hamburguesa de garbanzos y una cucharada de alioli sobre una de las partes del bollo y cubre con la otra.

Para el ALIOLI, puedes cambiar el ACEITE por TOFU duro. Obtendrás una mayonesa igual de CREMOSA pero sin GRASA.

Cebolla encurtida con calabacín a la plancha

Cebolla encurtida
100 g de vinagre de granada Sempio
30 g de vinagre de Jerez
80 g de agua
3 bayas de pimienta rosa
1 hoja de laurel
5 g de sal
2 cebollas dulces

Pela la cebolla y córtala en medias lunas.

Pon en un cazo a hervir el vinagre de granada, el vinagre de Jerez, el agua, las bayas de pimienta rosa, la hoja de laurel y la sal.

Una vez haya hervido, aparta del fuego y deja que baje la temperatura hasta que esté a 70 °C.

Vierte el líquido sobre la cebolla y deja reposar 1 día a temperatura ambiente.

Después reserva en la nevera durante 3 semanas.

Calabacín a la plancha
1 calabacín
Sal
Aceite de oliva virgen extra

Corta el calabacín en rodajas, colócalas sin amontonarlas en una bandeja y déjalas reposar con un poco de sal por encima durante 30 minutos.

Pon una plancha a fuego alto.

Pinta las rodajas de calabacín con un poco de aceite y cocínalas en la plancha (vuelta y vuelta) hasta que estén marcadas.

Acabado: Cebolla encurtida, calabacín a la plancha y 30 g de olivas aloreñas.

Mezcla todos los ingredientes y sírvelos en un recipiente.

Deja reposar los encurtidos durante 3 semanas antes de comerlos. Puedes cambiar el vinagre de granada Sempio por otro vinagre de calidad que tengas a tu alcance.

Patatillas caseras

Patatillas caseras
300 g de patata agria
Aceite de oliva 0,4°
Sal

Lava bien la patata para quitar toda la tierra de la piel.
Corta la patata a rodajas muy finas con la ayuda de una mandolina.
Coloca las rodajas en un colador y lávalas con agua fría para extraer la mayor cantidad posible de almidón.
Seca las patatas con papel absorbente.
Pon aceite de oliva en una freidora o en una sartén y calienta hasta que llegue a 180 °C. Fríe las patatas poco a poco hasta que estén doradas.
Una vez fritas ponlas sobre papel absorbente para extraer el mayor aceite posible.
Sírvelas con un poco de sal.

 HAZ ESTA RECETA CON EL TUBÉRCULO QUE QUIERAS: ZANAHORIA, CHIRIVÍA, REMOLACHA, BONIATO, ETC.

Bimi salteado

Bimi salteado
200 g de bimi
Aceite de oliva virgen extra
Sal

Corta la parte inferior del bimi.
Cocínalo en una olla con agua hirviendo con un poco de sal durante 15 segundos y ponlo inmediatamente en agua fría.
Cuela el agua y saltéalo con un poco de aceite de oliva virgen extra en una sartén a fuego alto durante 10 segundos.
Sírvelo con un poco de chile en polvo si te gusta el picante.

Col lombarda aliñada

Col lombarda aliñada
70 g de aceite de oliva virgen extra
½ cucharadita de sal
40 g de vinagre balsámico
½ col lombarda

Extrae las hojas superiores de la col lombarda y córtala en tiras muy finas.

Mezcla en un bol el aceite, la sal y el vinagre balsámico, y viértelo sobre la col lombarda.

Deja reposar durante 30 minutos a temperatura ambiente antes de servir.

Polenta con semillas de amapola y hierbas

Polenta con semillas de amapola y hierbas
150 g de polenta precocida
600 g de agua o caldo vegetal
40 g de aceite de oliva virgen extra
1 rama de romero
2 ramas de tomillo
30 g de pipas de girasol
20 g de semillas de amapola
Sal
Pimienta

Extrae las hojas del romero y del tomillo y pícalas.

Pon en una olla el agua o el caldo vegetal, el aceite de oliva, las hierbas, las pipas de girasol, las semillas de amapola, sal y pimienta al gusto, y lleva a ebullición.

Añade la polenta poco a poco removiendo constantemente.

Cocina a fuego bajo hasta que espese.

Vierte la polenta espesada en una bandeja para horno pintada con un poco de aceite o con papel sulfurizado.

Hornea la polenta a 190 °C durante 15 minutos.

Deja enfriar a temperatura ambiente y córtala en trozos.

Sírvela con un poco de pimienta.

Brunch con estilo

CHALOTAS *al* VINO TINTO *con* TOMILLO

Chalotas al vino tinto con tomillo
300 g de chalotas
200 ml de vino tinto
30 g de azúcar moreno
3 ramas de tomillo
¼ cucharadita de sal
Aceite de oliva 0,4°

Pela las chalotas y ponlas en una sartén con un poco de aceite de oliva 0,4°.
Cocina durante 5 minutos a fuego bajo con la sartén tapada.
Añade el tomillo, el azúcar moreno, el vino tinto y la sal.
Cocina a fuego bajo con la sartén destapada hasta que el vino haya reducido ¾.
Sirve las chalotas en un bol.

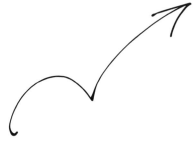

SUELO HACER ESTAS CHALOTAS CON PALO CORTADO, ¡MAGNÍFICAS!

MEZCLA de OLIVAS

Mezcla de olivas
80 g de olivas aloreñas
80 g de olivas de Campo Real
80 g de olivas de Kalamata
80 g de olivas de Aragón
1 naranja

Extrae la piel de la naranja con un pelador.
Exprime la naranja.
Mezcla en un bol la piel de la naranja, el zumo obtenido y todas las olivas.
Deja reposar la mezcla durante 24 horas.
Sirve las olivas en un bol.

También puedes JUGAR con las OLIVAS que más te APETEZCAN. Aquí he puesto alguna de mis FAVORITAS.

QUESO con CEBOLLINO

Queso de cebollino
600 g de anacardos
30 g de levadura nutricional
1 diente de ajo
220 g de agua
80 g de aceite de coco
Sal
1 manojo de cebollino

Funde el aceite de coco hasta que esté a 28-30 °C.

Tritura todos los ingredientes juntos hasta obtener una crema espesa y sin grumos.

Pon la mezcla en film transparente y enróllala bien.

Déjala reposar en la nevera hasta que endurezca.

Pica el cebollino.

Enrolla el queso con el cebollino picado (aprieta bien para asegurarte de que el cebollino queda bien pegado).

Corta en rodajas y sirve el queso en una fuente.

ES MUY IMPORTANTE TENER UN BUEN PROCESADOR PARA HACER UN QUESO BIEN SUAVE Y SIN GRUMOS. SI SOLO TIENES UN TRITURADOR DE MANO, TEN PACIENCIA.

TOFU con SALSA de ZANAHORIA y JENGIBRE

Salsa de zanahoria y jengibre

300 g de zanahoria
40 g de jengibre
1 diente de ajo
40 g de sirope de agave
120 g de agua
¼ cucharadita de sal

Pela las zanahorias y córtalas en cubos pequeños.

Pela y pica el jengibre y el ajo.

Pon en un cazo la zanahoria cortada, el jengibre y el ajo picados, el sirope de agave, la sal y el agua.

Cocina a fuego bajo durante 30 minutos con el cazo tapado.

Tritura ¼ de la mezcla y añádelo al resto, así obtendremos una salsa más cremosa.

Tofu en adobo

500 g de tofu blanco
120 ml de salsa tamari
180 ml de agua
1 cabeza de ajo
8 ramas de cilantro

Corta el tofu en láminas y colócalo en un táper.

Añade el agua, la salsa tamari, la cabeza de ajo partida por la mitad y las ramas de cilantro.

Deja que adobe en la nevera durante toda una noche.

Acabado: Tofu en adobo, salsa de zanahoria y jengibre, aceite de girasol, germinados y pimienta rosa.

Cocina el tofu en una sartén con un poco de aceite de girasol (vuelta y vuelta).

Sirve el tofu en un plato con un poco de salsa de zanahoria y jengibre, unos germinados y un poco de pimienta rosa.

TIP

OTRA MANERA DE SERVIR ESTE PLATO ES CAMBIANDO EL
TOFU POR JACKFRUIT O SEITÁN, ES IGUAL DE MOLÓN.

TOSTADAS con PATÉ de GARBANZOS y ALMENDRA, SETAS y HABITAS

Paté de garbanzos y almendra
340 g de garbanzos cocidos
80 g de aceite de sésamo o tahini
50 g de almendra tostada
50 g de almendra cruda
1 diente de ajo
1 limón
180 g de agua
Sal

Exprime el limón.
Pela el diente de ajo.
Tritura los garbanzos cocidos, el tahini, las almendras, el diente de ajo, el zumo de limón, el agua y sal al gusto hasta obtener un paté cremoso.

Setas salteadas
300 g de setas frescas o congeladas
Aceite de oliva 0,4°
Sal
Pimienta

Pon un poco de aceite de oliva en una sartén, a fuego alto.
Cuando esté caliente, pon las setas y saltea durante 30 segundos.
Apaga el fuego y salpimienta al gusto.

Habitas
350 g de habas frescas
Sal

Pela las habas.
Cocínalas en agua hirviendo con sal durante 15 segundos y ponlas inmediatamente en agua fría.
Cuela el agua una vez estén las habas frías.

Acabado: 12 rebanadas de pan tostado, paté de garbanzos y almendra, setas salteadas y habitas.

Unta el pan tostado con paté de garbanzos y almendra.
Sirve 6 tostadas con setas salteadas y las otras 6 con habitas.

Si usas un pan rústico bastante aromático, harás la mejor tostada del mundo.

PANCAKES *con* ARÁNDANOS *y* FRAMBUESAS

Pancakes
150 g de harina de trigo integral
150 g de harina de trigo refinada
60 g de azúcar moreno
2 g de sal
15 g de impulsor
500 g de leche de arroz
50 g de aceite de girasol

Mezcla en un bol las harinas, el azúcar moreno, la sal y el impulsor.

Añade la leche de arroz y el aceite de girasol, y mezcla bien hasta que se haya disuelto completamente el azúcar moreno.

Pon una sartén a calentar a fuego bajo-medio con un poco de aceite de girasol.

Con un cucharón, vierte masa de *pancake* en la sartén y cocina vuelta y vuelta, hasta que esté un poco dorado por ambos lados.

Compota de arándanos y frambuesas
300 g de arándanos frescos o congelados
80 g de frambuesas frescas o congeladas
50 g de sirope de agave
1 limón

Exprime el limón.

Pon en un cazo los arándanos, las frambuesas, el sirope de agave y el zumo de limón.

Cocina a fuego bajo durante 25 minutos.

Aparta del fuego y deja enfriar en un táper en la nevera.

Crema de coco
100 g de leche de coco
90 g de yogur de coco o soja
15 g de sirope de agave

Bate la leche de coco hasta que esté compacta como si fuera nata montada.

Mezcla el yogur con el sirope de agave.

Añade la leche de coco compacta y mezcla con cuidado.

Acabado: *Pancakes*, compota de arándanos y frambuesas, crema de coco, arándanos frescos y frambuesas frescas.

Sirve los *pancakes* con la compota de arándanos y frambuesas, un poco de crema de coco y arándanos y frambuesas frescos.

TIP

Ten cuidado con la leche de arroz en la receta de los pancakes.
¡Según el tipo de harina, absorberá más o menos agua!

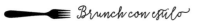
BATIDO *de* FRESAS *y* PLÁTANO

Batido de fresas y plátano
250 g de fresas frescas
1 manzana
2 plátanos
300 ml de leche de soja
6 fresas frescas

Pela la manzana y córtala en cubos.
Tritura los 250 g de fresas frescas, la manzana cortada, los plátanos sin piel y la leche de soja hasta obtener un batido liso y sin grumos.
Sirve cada batido en un vaso con una fresa fresca.

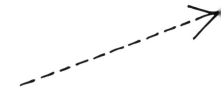

 SI ES TEMPORADA DE FRESAS, COMPRA CIENTOS DE KILOS, LÁVALAS Y CONGÉLALAS. TENDRÁS FRESAS MARAVILLOSAS PARA TODO EL AÑO PARA HACER ESTE SUPERBATIDO.

PIÑA con MIEL de CAÑA y LIMA

Piña con miel de caña y lima
½ piña de calidad
40 g de miel de caña
1 lima

Corta la piña en tiras para darle una forma bonita y así usar la piel como base.
Sirve la miel de caña por encima con la ayuda de un biberón de cocina o una cuchara.

Ralla la piel de la lima por encima y sírvela.

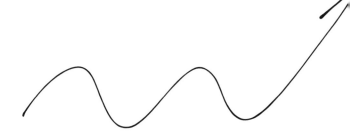

 UNA BUENA ALTERNATIVA PARA LA MIEL DE CAÑA
ES EL SIROPE DE AGAVE AZUL.

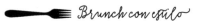

CHÍA *con* KIWI AMARILLO

Pudin de chía
500 ml de leche de avena
4 cucharadas de chía
30 g de xilitol

Mezcla todos los ingredientes en un bol y déjalos reposar una noche en la nevera.

Acabado: Pudin de chía y 3 kiwis amarillos.

Pela el kiwi y córtalo en cubos.
Sirve el pudin de chía en vaso.
Decora con el kiwi cortado en cubos.

No te pases con el xilitol, puede ser un poco indigesto.
También puedes cambiarlo por cualquier sirope.

TOSTADAS de PLÁTANO, MORAS y CHOCOLATE NEGRO

Crema de chocolate negro
150 g de leche de soja
40 g de avellanas tostadas
10 g de sirope de agave
170 g de chocolate 70%

Cocina la leche de soja, las avellanas tostadas y el sirope de agave en un cazo a fuego bajo.

Una vez ha hervido, vierte sobre el chocolate 70% y tritura con la ayuda de una túrmix hasta obtener una crema bien emulsionada pero con algunos grumos de la avellana.

Deja enfriar la crema en la nevera.

Acabado: Crema de chocolate negro, 1 plátano, 12 moras, 6 rebanadas de pan tostado y 50 g de chocolate 70%.

Pela el plátano y córtalo en rodajas.
Corta las moras por la mitad.
Unta las rebanadas de pan con la crema de chocolate negro.
Sírvelas con rodajas de plátano y moras cortadas.
Decora con los 50 g de de chocolate 70% previamente rallado.

RECUERDA USAR UN BUEN CHOCOLATE 70% PARA ESTA RECETA Y UNAS BUENAS AVELLANAS TOSTADAS. SI NO ESTÁN BIEN TOSTADAS, LA CREMA NO TENDRÁ UN SABOR INTENSO.

SÁNDWICH a la PLANCHA con SEITÁN, MAYONESA de TOFU y PIMIENTOS del PIQUILLO

Seitán casero con vino blanco

300 g de seitán casero en trozos
50 g de vino blanco
1 diente de ajo
1 cucharadita de jengibre rallado
Aceite de girasol

Pela y pica el diente de ajo.
Pon una sartén a fuego medio con un poco de aceite de girasol.
Añade el diente de ajo y el jengibre rallado, y cocina durante 10 segundos.
Añade el seitán y saltea hasta que esté dorado.
Vierte el vino blanco y sigue cocinando hasta que esté completamente evaporado.

Pimientos del piquillo confitados

2 botes de pimientos del piquillo
1 cabeza de ajo
400 g de agua
2 ramas de romero
8 granos de pimienta negra
Sal
2 hojas de laurel
Aceite de oliva 0,4°

Cuela los pimientos en un colador y reserva el agua del bote para usarla después.
Corta los pimientos por la mitad y extrae las semillas.
Confita los pimientos en una sartén con aceite de oliva 0,4°. Sabrás que están confitados cuando estén bien dorados. Haz tandas pequeñas, sin llenar la sartén de pimientos, para que se confiten bien y no se rompan.
Pon en una olla el agua, la sal, la cabeza de ajo cortada por la mitad, el romero, la pimienta, el laurel y el agua de los pimientos.
Lleva a ebullición y déjalo reposar durante 20 minutos con la olla tapada y el fuego apagado.
Guarda los pimientos confitados en un táper con el agua infusionada y reserva en la nevera.

Mayonesa de tofu
200 g de tofu blanco
40 g de leche de avena
80 g de aceite de oliva 0,4°
Sal

Tritura el tofu con la leche de avena y el aceite hasta obtener una crema lisa.
Pon sal al gusto.

Acabado: Seitán casero con vino blanco, pimientos del piquillo confitados, mayonesa de tofu, hojas de lechuga hoja de roble verde y pan de molde de buena calidad.

Tuesta el pan de molde en una tostadora o en una sartén a fuego medio.
Monta el sándwich con un poco de mayonesa de tofu en la base, unos trozos de seitán casero con vino blanco, unos pimientos del piquillo confitados, unas hojas de roble verde y cierra con otra rebanada de pan de molde planchado.

PUEDES CAMBIAR LA LECHUGA HOJA DE ROBLE POR RÚCULA O ESPINACAS.

COLESLAW LIGERO con SEMILLAS

Vinagreta de mostaza y miso
120 g de aceite de girasol
35 g de vinagre de manzana
1 cucharadita de mostaza de Dijon
1 cucharadita de miso blanco

Tritura todos los ingredientes juntos.

Coleslaw
2 zanahorias
1 col lisa
1 cebolla roja
80 g de pipas de girasol
80 g de pipas de calabaza
Sal
1 cucharada de aceite de oliva 0,4°
Vinagreta de mostaza y miso

Pela las zanahorias y córtalas en tiras con la ayuda del pelador.
Extrae las hojas exteriores de la col y córtalas en tiras finas.
Pela la cebolla y córtala en juliana.
Pon una sartén a fuego bajo con la cucharada de aceite de oliva 0,4°.
Saltea las pipas de girasol y de calabaza hasta que estén un poco doradas.
Pon sal al gusto.
Mezcla las verduras con la vinagreta y las pipas tostadas.

A MÍ ME ENCANTA USAR TODAS LAS COLES POSIBLES EN EL COLESLAW, ¡JUEGA CON ELLAS!

VERRINE de COCO y MORAS

Crema de coco

200 g de leche de coco
180 g de yogur de coco o soja
30 g de sirope de agave

Bate la leche de coco hasta que esté compacta como si fuera nata montada.
Mezcla el yogur con el sirope de agave.
Añade la leche de coco compacta y mezcla con cuidado.

Compota de moras

300 g de moras frescas o congeladas
40 g de sirope de agave
1 limón

Pon las moras en un bol con el sirope de agave y el zumo del limón.
Deja reposar durante 24 horas en la nevera.
Pon la mezcla en un cazo y cocina a fuego bajo durante 10 minutos.
Apaga el fuego y reserva en la nevera en un táper cerrado.

Acabado: Crema de coco, compota de moras y 18 moras frescas.

Pon un poco de crema en un *verrine*.
Añade un poco de compota de moras con la ayuda de una cuchara.
Sirve más crema de coco y otro poco de compota de moras.
Decora con moras frescas.

SI NO TIENES MORAS O FRUTAS DEL BOSQUE FRESCAS,
PUEDES USAR FRUTAS DEL BOSQUE CONGELADAS.

SI NO ENCUENTRAS LECHE DE COCO, TAMBIÉN PUEDES USAR
CUALQUIER BEBIDA VEGETAL PARA HACER LA CREMA.

Toni
Rodrí
guez
academy

Combinaciones de menús

Menú sin gluten	Menú cocinar es bien fácil	Menú pastas

Calabaza rellena de quinoa y verduras. *(Pág. 69)*	Paté de maíz y tomillo. *(Pág. 72)*	*Bucatini* con tomate, bechamel y brócoli. *(Pág. 35)*

Farinata con robellones, piquillos e hinojo. *(Pág. 38)*	Rollitos de setas con crema de albahaca y anacardos. *(Pág. 105)*	Espaguetis con albóndigas de seitán. *(Pág. 152)*
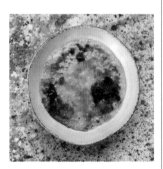		
Arroz con leche flambeado. *(Pág. 71)*	*Muffin* de limón con merengue. *(Pág. 30)*	Raviolis de *ricotta* de nueces con berenjena ahumada. *(Pág. 85)*

Menú para comer con las manos

Empanadillas de patatas y guisantes con chutney de cebolla. *(Pág. 90)*

Tofu rebozado con chutney de hierbabuena y canónigos. *(Pág. 81)*

Buñuelos glaseados con frutos del bosque. *(Pág. 23)*

Menú platos bien ligeros

Carpaccio de calabaza asada con olivas de Aragón y berros. *(Pág. 33)*

Envuelto de calabacín relleno de tofu. *(Pág. 21)*

Peras al brandi con naranja y cardamomo. *(Pág. 107)*

Menú mis cremas favoritas

Crema de puerro, patata, zanahoria y cúrcuma. *(Pág. 139)*

Crema de zanahoria y boniato con judías redondas. *(Pág. 130)*

Crema de champiñones con tofu. *(Pág. 67)*

MENÚ ¡CON PAN!	MENÚ POSTRES SIN AZÚCAR	MENÚ LA VUELTA AL MUNDO

Bruschettas de cherris con aguacate y brócoli con olivas de Aragón. *(Pág. 148)*

Batido de fresas y plátano. *(Pág. 190)*

Latkes con cogollo braseado y kétchup. *(Pág. 49)*

Sándwich de seitán y pimientos del piquillo. *(Pág. 201)*

Bizcocho de pera con *crumble* de avena. *(Pág. 37)*

Tortillas de maíz con boniato asado, menta, frijoles y queso crudo. *(Pág. 60)*

Tostadas de plátano, moras y chocolate. *(Pág. 196)*

Verrine de coco y moras. *(Pág. 207)*

New York *cheesecake* con chocolate. *(Pág. 98)*

Menú otra vuelta al mundo más

Babaganoush con granada y salsa de yogur de soja.
(Pág. 42)

Curry amarillo con arroz basmati. *(Pág. 94)*

Crumble de frutos rojos.
(Pág. 64)

Menú bake it!

Quiche de alcachofas, patatas y piñones.
(Pág. 127)

Musaka gratinada.
(Pág. 132)

Bizcocho de cítricos, crema de avellana y pistacho. *(Pág. 44)*

Menú quiero ser pastelero

Trenza de almendra y cacao.
(Pág. 116)

Pastel de zanahoria con cacahuetes. *(Pág. 156)*

Pastel de chocolate con crema de café y oreo.
(Pág. 147)

Menú tapeando en casa	Menú rock'n'roll

Brochetas de tofu y calabaza con salsa de miso. *(Pág. 123)*	*Jacket potatoes* con coles de Bruselas y hummus de alubia. *(Pág. 26)*

Tacos de champiñones rebozados y guacamole. *(Pág. 56)*	Seitán con verduras y crema de *harissa*. *(Pág. 143)*

Trufas de fresas. *(Pág. 78)*	Bizcocho de cacao. *(Pág. 89)*

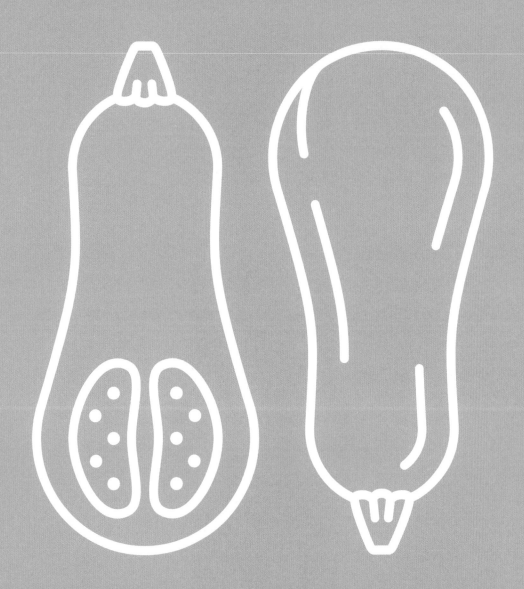

vegan and family

Índice